修炼 LEADERSHIP 领导力

人生的必修课

李继 编著

乘风破浪 勇往直前

民主与建设出版社
·北京·

© 民主与建设出版社，2024

图书在版编目（CIP）数据

修炼领导力：人生的必修课/李继编著. -- 北京：
民主与建设出版社，2024.2
ISBN 978-7-5139-4461-8

Ⅰ.①修… Ⅱ.①李… Ⅲ.①领导学 Ⅳ.①C933

中国国家版本馆 CIP 数据核字（2024）第 007632 号

修炼领导力：人生的必修课
XIULIAN LINGDAOLI RENSHENG DE BIXIUKE

编　　著	李　继
责任编辑	王　颂
封面设计	于　芳
出版发行	民主与建设出版社有限责任公司
电　　话	（010）59417747　59419778
社　　址	北京市海淀区西三环中路 10 号望海楼 E 座 7 层
邮　　编	100142
印　　刷	三河市新科印务有限公司
版　　次	2024 年 2 月第 1 版
印　　次	2024 年 2 月第 1 次印刷
开　　本	710 毫米 ×1000 毫米　1/16
印　　张	12
字　　数	175 千字
书　　号	ISBN 978-7-5139-4461-8
定　　价	49.80 元

注：如有印装质量问题，请与出版社联系。

PREFACE
前　言

领导力是一种能够激发团队成员热情与想象力的能力，也是一种能够统率团队全力以赴去完成目标的能力。

领导力也是一种特殊的人际影响力，组织中的每一个人都会去影响他人，也要接受他人的影响，因此每个员工都具有潜在的和现实的领导力。在组织中，领导者和成员共同推动着团队向着既定的目标前进，从而构成一个有机的系统：领导者的个性特征和领导艺术，员工的主观能动性，领导者与员工之间的积极互动，组织目标的制定以及实现的过程。

美国前国务卿基辛格博士说："领导就是要让他的人们，从他们现在的地方，带领他们去还没有去过的地方。"

领导力已不再是某些人的专属能力，而成为每一个人生存、发展所需的硬技能。领导力不是天生的基因带来的能力，而是一系列可操作、可模仿、可践行的工具：沟通视窗、目标管理、倾听反馈……如果你想在这个时代抢占先机，活得体面而富有尊严，那么：领导力便是你的人生必修课！

《修炼领导力》一书，结合大量生动翔实的材料和案例，紧紧围绕"领导力"，详细讲述了领导力的理念和方法。例如，一个看起来可行的目标，

修炼领导力

如果没有强悍的领导力，是不能带领团队齐心协力走下去的。反过来，一个看起来不可行的目标，如果有一个领导力过硬的团队，没准也能打出一片天地，异军突起。本书具有可读性、启发性和操作性，适合广大读者阅读，相信本书对领导、员工都能给与一定的帮助。

目　录

第一章　具有凝聚人心的吸引力

勇于负起责任 / 2
敢于勇挑重担 / 6
善于培养人才 / 11

第二章　具备独到的眼光

用宽广的眼界看发展 / 20
用长远的眼光看问题 / 24
用敏锐的眼光做出决策 / 28
看问题不要事事较真 / 32

修炼领导力

第三章 能听进各种话语

做一名善于倾听者 / 38

做一名善于兼听者 / 43

不做偏听偏信的人 / 48

不被喝彩声所迷惑 / 53

第四章 要有良好的口才

练就卓越的口才 / 60

在应酬场合说话有品位 / 67

做一个有幽默感的人 / 75

学会赞美的艺术 / 81

批评要讲究艺术 / 88

第五章 保持良好的心态

培养自信心 / 96

常存感恩之心 / 100

保持一种谦虚的心态 / 105

能够承受委屈 / 109

要善于谦让 / 113

始终保持专注 / 118

把虚荣心转为上进心 / 121

第六章 养成果敢的胆略

培养自己非凡的胆识 / 126

养成做事果断的品质 / 130

具备敢为人先的精神 / 135

善于发现并及时把握机遇 / 139

增强综合的竞争能力 / 143

修炼领导力

第七章 把控好自己的情绪

认清自己，控制情绪 / 150

得饶人处且饶人 / 154

抱怨将使生活失去光彩 / 157

用乐观的心态看待人生 / 161

不乱发脾气 / 165

做到能屈能伸 / 168

第八章 要有爱岗敬业精神

只有敬业，才会乐业 / 172

以饱满的热情投入工作 / 176

忠于职守，爱岗敬业 / 179

要有勤奋的工作精神 / 181

第一章 具有凝聚人心的吸引力

凝聚人心就是要智慧和力量凝聚起来，爆发出"人心齐、泰山移"的同频共振效应。一个人有了"硬"肩膀，才能展示自己宽厚的气度，展示自己处变不惊的魄力和凝聚人心的吸引力。

修炼领导力

勇于负起责任

所谓责任,就是分内应该做的事情。勇于负责,就是积极履行自己的职责,完成自己承担的使命,做好自己的本职工作。人生一世,没有人能摆脱这样那样的责任,不管是对工作、对家庭,还是对社会。只有富于责任心的人,时时处处尽责的人,才不愧为一个真正的人。

勇于负责,大致有这样几层含义:一是出色地履行职责。作为一个地方、一个部门、一个组织的主要领导,就是要承担起这个地方、这个部门的改革之责、发展之责、稳定之责,而作为分管领导就得勇敢地承担起分管的那一块责任,不过多地牵扯主要领导的精力,与相关部门一道把分管的工作做好,出色地完成组织交给的任务。二是从自己身上找原因。一旦工作出现纰漏或因疏忽而引起错误,要勇于担责、认真从自己身上找原因,而不是找借口开脱自己。三是要正视困难和问题,敢于负责,并主动"收拾残局",采取措施防止事态恶化、扭转局面。

勇于负责,是一个人的应有之义。职务意味着责任,权力意味着压力。有职务没有责任,有权力没有压力的好事不存在。享受一定的权力,必须尽到相应的责任;尽到一定的责任,才能享有相应的权力。所以,敢于承担责任既是对一个人的起码要求,也是一个人必须具备的政治品格。而且职位越高、权力越大,肩上的责任也就越重。

勇于负责,是一个人的一种人格魅力。责任感是一个优秀的人身上应有的品质,因为肩负责任,才敢于果断决策,才敢于面对工作中的挑战。

丘吉尔说："高尚、伟大的代价就是责任。"梁启超说："这个社会尊重那些为它尽到责任的人。"一个人的人格魅力源于所负的责任，做事多少与所负责任成正比。可以想象，一个没有责任感的人，何谈履行职责，何谈成就大事。领导负责任是激发下属斗志、振奋工作精神、鼓励下属敢于负责任的强心剂和定心丸。

勇于负责，是检验一个人是否称职的标尺。一个人应有主动负责的意识。有了这种意识，工作才不是差事，负责才不是负担；有了这种意识，工作才能有热情，负责才能主动，该做什么、怎么去做要及早谋划、未雨绸缪；有了这种意识，才能一心扑在工作上，有没有人看到都一样，做到不因事大而难为、不因事小而不为、不因事多而忘为、不因事杂而错为；有了这种意识，工作才能有创新，负责才能有精彩；有了这种意识，工作才能有乐趣，负责才能有业绩。

勇于负责，是一个人良好的道德品质。责任感是一个人的灵魂，它折射出每一个人道德水平的高低和人格的高低。一个人有了责任心、责任感，就能经常地进行自我检查、自我监督、自我评价。做了有利于社会的事，就会感到满足和欣慰；若为官一任，政绩不佳，就会深感内疚和惭愧。有了责任心和责任感，办事情，做决策，特别是在做出重大决策时，就会格外谨慎，如履薄冰，唯恐有负于组织。

负责任，说着简单，做起来不易。常言道，"责任重于泰山"。责任不是空洞的、泛泛的要求，而是要立足于本职，体现于行动，负起现实责任、岗位责任。绝不能在其位不谋其政，在岗位不在状态；不能敷衍塞责，逃避责任；不能遇到权力往里揽，遇到责任往外推；不能在位时不尽责，离任后乱指责。

修炼领导力

职务意味着责任，权力意味着义务。充满热情地干好本职工作，认真负责地处理好每件事情，无论在哪个地方、哪个部门，都要把工作干得有声有色，这应该成为一个人追求的目标和快乐。

美国总统林肯说过："人所能负的责任，我必能负；人所不能负的责任，我亦能负。如此，你才能磨炼自己。"一个人应如何负责，可从以下四方面入手。

一要知责。责任无处不在，知责才能思为。一个人只要充当某种社会角色，就逃不脱责任的约束。职务越高责任越大，地位越重要责任也就越大；领导的责任，顾名思义是指领导应当对自己的行为负责，它包含了政治责任、经济责任、法律责任、社会责任、谋略责任和管理责任等。在其位、谋其政、负其责，这是对一个人最基本的要求。因此，一个人要不断增强责任意识、使命意识和忧患意识，做到守土有责，尽职尽责，认真负责。

二要尽职尽责。歌德说："尽力履行你的职责，那你就会立刻知道你的价值。"一个人既要有"为官一任，造福一方"的抱负，还要有"衙斋卧听萧萧竹，疑是民间疾苦声"的济世情怀，时刻牢记自己的使命和职责，牢记组织和群众的重托，以高昂的状态、创新的姿态、务实的作风，殚精竭虑，孜孜不倦，鞠躬尽瘁，立足本职岗位，尽心尽责，认真抓好各项工作的落实。

三要勇于负责。为官避事平生耻，尽责是为官做人之本。勇于负责，不只是一句表态，而是面对困难和挑战，遇到矛盾和问题，绝不能推诿扯皮、揽功诿过，绝不循规蹈矩、墨守成规，要敢为人先，敢于突破，勇于创新，与时俱进，奋力拼搏，敢于承担风险，敢于承担责任，敢于开拓进取，创造性地开展工作，切实把对上责任与对下负责一致起来，强化责任心，敢于一抓到底，抓出成效。

四要有负责之能。责重山岳，能者方可当之。国以才立，政以才治，业以才兴。具备了一定的素质和能力，才能胜任一定的岗位和职责；担负的责任越大，就越需要提高履责能力。这就要求每个人都要自觉地充实自己，不断地提高自己，积极主动地向书本学习、向群众学习、向实践学习，学深科学理论，学透专业知识，不断拓宽学习内容，凡是自己不熟悉领域的知识都要学一些，凡是自己不能熟练驾驭的业务知识都应该巩固提高，凡是自己不能真正领会的问题都要深入钻研，做到政治上清醒，知识上广博，业务上娴熟，能力上突出，为切实负好责任夯实基础。

修炼领导力

敢于勇挑重担

勇挑重担是一种责任。勇挑重担精神只有在任务、矛盾、困难、风险和挑战面前才能显现，相安无事的情况下，勇挑重担精神是无法体现的。

勇挑重担与人们关于责任、良心、价值、奉献、牺牲、勇气和才干等方面的思考联系在一起，从而被赋予丰富的内涵。它既代表着"在其位、谋其政"的履职尽责，也体现着"先天下之忧而忧，后天下之乐而乐"的广阔胸怀；它既代表着"知其难为而为之"的执着信念，也体现着"明知山有虎，偏向虎山行"的无畏勇气。

勇挑重担，在不同领域、不同层次有不同形式的表达："一人做事一人当"，是普通百姓对勇挑重担、率直快意的表达；"天下兴亡，匹夫有责"，是仁人志士丹心报国的勇挑重担誓言；"穷且益坚，不坠青云之志"，是有志者身处困境自我勇挑重担意念的袒露。人生需要勇挑重担，人生才能尽显大气与豪迈；家庭需要勇挑重担，才能拥有和谐与融洽；一个单位需要有勇挑重担的领导，方能成就"经世之事业"；一个社会需要有勇挑重担的脊梁，方能谋取天下的福祉。

古往今来，勇挑重担价值千金，勇挑重担任重千钧。深刻认识和把握勇挑重担问题，做一个勇挑重担的人，对于个人和社会都具有非同一般的意义。

勇挑重担铸就伟大人格，锻造卓越品格。勇挑重担，是一个人社会责任感和正义感的体现。"大事难事看担当。"这里的"大事难事"，不仅指个人的大事、难事，更指单位、国家、社会的大事、难事。遇"大事难事"，能不能"担当"，是退避三舍，还是担起责任，集中体现了当事人人格力量的强弱和道德境界的高低，不仅看出一个人境界的高下，也决定着一个人最终是否有所作为。

勇挑重担是价值的体现。建功立业要勇挑重担。桥的价值在于能承载，人的价值在于能勇挑重担。人的提升，在于能够适应更高的要求，担起更大的责任。一个人担当得越多，证明其价值越大。古人云："为天地立心，为生民立命，为往圣继绝学，为万世开太平。"有了这份心系苍生、勇挑重担的精神，怎能不激发创造、卓尔不群。担当出勇气、出智慧、出力量。有勇挑重担的精神才会迎难而上、锐意进取。个人的潜能往往在勠力担当中得到充分发挥。遇事推诿、裹足不前，在逃避担当的同时，往往也错过了成就事业的机会。担当与成功如影相随，勇挑重担指引人生路径，勇挑重担照亮人生前程。追求有所建树，必须坚持勇挑重担，这是实现人生价值的重要法则。

特别是面临"大事难事"，一个人更要挺身而出、勇挑重担，如此，才能树立威望。美国总统吉米·卡特在营救驻伊朗的美国大使馆人质的作战计划失败后，及时在电视里郑重声明，"一切责任在我"。仅仅因为这句话，卡特总统的支持率骤然上升了10%以上。做下属最担心的就是做错事，特别是花了很多精力又出了错，而在这个时候，领导的一句"一切责任在我"，那对下属而言会是怎样的一种心境？卡特总统的例子说明：下属对一个领导的评价，往往取决于他是否有责任感，勇于承担责任不仅使下属有安全感，而且也会使下属进行反思，反思过后会发现自己的不足，并承担责任。

作为一名领导,经常面临决策和执行,有决策、有执行,尤其需要有担当。

在事关生存发展的决策面前需要勇挑重担。当无法预见到事情发展的结果时,领导要敢于拍板、下决心、做决策,一旦出现问题和事故,也要敢于挺身而出,敢于承担责任、保护下属。

诺曼底登陆前夕,盟军司令艾森豪威尔曾写了一份新闻稿,他写道:"我们在瑟堡—阿弗尔地区登陆时未能找到令人满意的据点,我已下令撤回部队。我是依据我得到的最佳情报做出发动进攻的决定的。空军和海军部队表现出了英勇无畏和忠于职守的精神。如果这次登陆行动因为失败而受到任何指责的话,那都由我一人承担。"

可见,如果一旦登陆失败,艾森豪威尔要一个人主动地把全部责任扛起来,但由于诺曼底登陆一举成功,这个新闻稿并没有发表。为什么诺曼底登陆会成功,原因是多方面的,其中很重要的一点就是作为盟军最高指挥官,艾森豪威尔在这一重大的历史任务面前表现出彻底的、大无畏的担当精神,极大地激发了各参战部队的战斗意志,盟军形成了无坚不摧的战斗力。

纽约前市长朱利安尼在一本书中写道:所谓的领导,就是在享受特权的同时,承担起更大的责任,在风险或危机来临时,有勇气站出来,单独扛起压力。

有人说,是"9·11"事件成就了纽约前市长鲁道夫·朱利安尼。实际上朱利安尼在上任之初曾花了一年多的时间做危机管理这门功课,如生化武器或炸弹攻击等,并且反复检验与练习。他的领导才能很早就已经表现出来了。因此,"9·11"事件的发生虽然出人意料,但在发生时,他能够坚强理智地带领纽约市民走出这场前所未有的劫难。

朱利安尼在当时的危急时刻敏感地意识到："我必须露面，我是纽约市市长，我应对危机的方法就是亲临现场并掌控局面。如果我没在电视上出现，对这个城市将更加不利。"

在很多时候，生命和崇高的责任是联系在一起的。尤其是站在风口浪尖时，更是可以看出一个人的责任感、使命感和一种勇挑重担的气度。所以，在急难险重的任务面前，有敢为天下先的勇气和魄力，有完成任务的能力和素质，这就是勇挑重担精神。

看一个人是否称职，很重要的一点是看其有没有勇挑重担的精神。杜甫在《奉送严公如朝十韵》中说："公若登辅台，临危莫爱身。"挑担子、负责任是一个人的应有之义。"当官遇事不担当，不如回家挑箩筐。"不管官大官小，一旦走上了工作岗位，就意味着肩挑担子，背负责任，所作所为都要对人民负责，要对工作负责。

敢于勇挑重担是一项重要的素质，体现的是一个人的内在修为。"为官避事平生耻。"对于一个人来说，应当把勇挑重担作为内心深处的价值追求和自觉实践。但是，锻造勇挑重担的品格，非一日之功，需日积月累地磨砺。

一要保持强烈的事业心和责任感。责任是使命，责任是动力，一个具有强烈事业心、责任感，对工作高度负责的人，才可能有强烈的使命感和强大的内在动力，才能做好本职工作，才能勇挑重担；而一个没有事业心和责任感的人，是不可能勇挑重担的。只有始终保持强烈的事业心、责任感，才能不畏艰险，不求回报，始终保持对事业的执着与追求，始终保持前进的动力与进取心，勇于接受挑战，主动参与竞争，克服一切困难履行职责，扫清一切障碍去完成任务。

二要有不畏艰险的坚韧意志。勇挑重担很多时候是要担当危难。"挽狂澜于既倒，扶大厦之将倾"，是担当危难的生动写照；"沧海横流，方显英雄本色"，是对担当危难的真情赞美。

三要有过硬的真本领。丰富的学识和智慧是一个人勇挑重担的前提条件。"没有金刚钻，不揽瓷器活。"有了勇挑重担精神，还必须具备解决难事、化解难题的能力，必须有真本事、真本领，否则，就是盲目的担当。胸中无数，不知所措；举措有力，事半功倍。没有真本事、真本领，勇挑重担的结果可能会事与愿违，甚至酿成大祸。

善于培养人才

人才,是一个组织的核心竞争力。人才的培养,就成了一个组织的核心问题。组织越大,组织的成败越取决于用人和育人。

最成功的领导是那些把工作授权给别人去做的人,是把下属培养为领导者的人。

毛泽东指出:"一个人的责任,归结起来,主要是出主意、用干部两件事。"唐太宗说:"为政之要,惟在得人。用非其才,必难致治。"曾国藩也认为:"成大事者,以多得助手为第一要义。"一个人只有提携人才、善待人才、锻炼人才、任用人才,才能使组织强大,才能使事业兴旺。

一个明智大度的领导,应有培养人才的胸怀,把培养人才作为组织发展的生命线,作为自身的立身之本、为人之道、处世之基,始终注意培养人、关心人、爱护人、成就人。

1. 培养下属是领导的重要职责

作为组织中的一员,无论自己将来是晋升还是退位,总是需要人来接替,而且培养人才不是一朝一夕之事。正所谓"十年树木,百年树人"。

IBM公司有一个硬性规定,主管级以上员工要将培养下属作为自己业绩的一部分。它的内容包括:帮助提拔下属,即使这样会使人才从自己的团队转到另一个IBM团队也要如此;积极、现实地向下属表达

对其潜能的期望；激发下属以发掘他们的最大潜力；与自己的直接下属合作，及早分配以培养为目的的任务；帮助下属学会如何成为一个高效的人；辅助下属发挥自身的领导作用，以自身正确的行为鼓励重视学习的氛围。

IBM要求每个主管级以上员工在上任伊始，就要确定自己的位置在一两年内由谁接任；三四年内谁来接；甚至自己突然离开了，谁可以来接替。达不到此项要求，该管理人员不能升迁。在IBM看来，找不到接班人的经理不是一位合格的经理，这样的经理不应该得到升迁。"因为只有你手下的人好，你才会更好。"

一个人得到过他人的培养才能成长。正是因为当初那个领导给了足够的信任和提拔，今天这个人才有现在的成就。所以，培养下属也是一个领导义不容辞的责任。从这个意义上说，一个领导要以同样的感恩心态来对待自己的下属，培养自己的下属。

2. 培养下属有利于提高绩效

一个领导如果能很好地与下属相处并善于提携下属，就会使自己的工作变得轻松愉快。同样一个职位，不同的人来做，会出现不同的结果——带的是同一批人，有人做得轻松，有人做得辛苦。

领导的职责并不是事必躬亲。如果经常采用命令式的方式指导下属，下属是不太可能有创新的。而下属缺乏创造性，对于提高工作绩效是大为不利的。一个领导要教给下属的是一种方法或方式，而不是代替下属解决具体问题。这就关系到对下属的培养。培养出能干的下属，一个领导在处理事情的时候就省心省力了。

下属的绩效直接影响领导的绩效。一个领导如果不想独自承担所有的重任，那么就得造就人才。一个领导将所有的事情一起揽过来做是不可能的，要懂得抓大放小。一个领导的成功其实就在于如何最大限度地利用下属这个资源，利用越充分，领导的绩效也越大。

聪明的领导，追求事业上的成功，除依靠自己的才智外，更重要的是借助别人的力量。遇到困难，自己不懂时，知道如何获得别人的援助，即使自己懂，也要避免事必躬亲，过分劳累，一个领导应当只做那些别人不会做的事。所以，一个领导除自己不断充实知识外，更应注意培养地位比自己低的人才，努力将其塑造成能干的人才。

3. 培养下属有利于激发其潜能

"千里马常有，而伯乐不常有。"一个领导就要成为这样的伯乐，要善于发现下属的优点，并给他们发挥的机会。一个人提携下属，不仅是给予他发挥的机会，更是在无形中给了他无数的信心、欢喜、希望、方便，甚至也因此改变了他对生活和工作的态度。

培养下属，对于被培养人而言是一种激励，这使被培养人更愿意努力工作，报答领导提携之恩。提携下属，最为直接的好处就在于能让一个有才干的人好好发挥，对组织和社会都有益。

美国四星上将鲍威尔，作为美国历史上最年轻的参谋长联席会议主席，处置了28场军事危机；作为美军及其联军最高指挥官，他谋划和指挥了海湾战争；此后，他作为国务卿，还在"9·11"事件后快速组建起美国全球反恐联盟，可谓文武双全，功成名就。

有一次，总统要了解美国和墨西哥边界的情况。鲍威尔对两个上尉说，你们最了解情况,明天就由你们向总统汇报,而不是我,也不是你们的部长。第二天,汇报一开始,年轻人还有点紧张,后来就自如了。总统问的几个问题都得到了满意的回答,总统很高兴。当然,年轻人更高兴。总统一走,两人就忙不迭地给亲朋好友打电话,汇报与总统面对面的感觉。年轻人那种喜悦之情,那种兴奋之意,那种成就之感,溢于言表。受到如此激励,不言而喻,这些年轻人,今后会更加意气风发地努力工作。当然,也会由衷地感激给他们机会的鲍威尔。

培养和提拔有能力、有发展潜力的下属,会让下属看到为组织勤奋工作的美好前途,使他们对组织更加忠诚,并激发他们发挥聪明才智的热情,以创造更多价值。

4. 培养下属有利于留住人才

加强对下属的培养,有利于其对组织的归属感,有利于留住优秀人才。

获得人才的途径虽然很多,可以通过各种渠道挖出最优秀的人才加入组织,但如果不注意留住人才,组织内的人才也可能源源不断地流出,这样做是很不划算的。所以说,"找人才不如留人才,留人才不如造人才"。将这些人留在单位里,与其让他在岁月洗礼中缓慢成长,还不如有计划地去造就人才。

对员工进行培养,相对来说成本较低,风险较小。很多 MBA 教材上都写道:在人身上投资所能得到最高回报是 1:30。可以说,在人身上投资是风险最小的投资。当然这种培训应该是适当的,应该是适合组织需求的,根据需求制订培训计划,再实施计划,才会行之有效。

着意提携下属的领导,也成就了自己。无数事实证明,用心提携下属,必然赢得下属的信赖和支持，组织的凝聚力强，内耗少，工作起来顺风顺水，领导的政绩显著；下属提高了，水涨船高，组织的整体水平高，工作效率也高；下属长进了，领导也会上一个新台阶，会走得更快、更稳、更远。

一个领导最值得做的投资就是对人的投资，最大的功德就是提携下属，助人者人助，提人者人提。善待下属，提携下属，是一个领导不断增强个人凝聚力和稳定发展根基的捷径。所以说，作为领导，一定不要吝于提携有才干的下属。

5. 搞好"传、帮、带"是育人之道

该如何开展"传、帮、带"？有句古语说得好："授人以鱼，不如授人以渔。"领导在工作中要懂得爱护下属，帮助下属，扶持下属，做好管理方法上的"传"，做好下属绩效上的"帮"，做好下属日常工作上的"带"。

"师傅带徒弟"是有中国特色的传承方法。身怀技艺的人招收学徒工，让他们一边工作一边学习，不断增强技能。在组织管理实践中进行传、帮、带，是培养下属最好的方法。

重视言传身教是中国传统教育思想的精华。培养下属，不能只靠讲大道理，要靠行动，用行动影响来培养下属。"喊破嗓子不如干出样子。"所谓干出样子，是说要明确告诉下属干什么，怎么干，干到什么程度；还要以身作则，让下属可以学着自己的样子干。如果下属哪个地方做得不对、做得不好，必须及时纠正他的错误，并督促他在以后的工作中改进。只有这样，才能使下属尽快成长，也才能得到下属真心实意的拥护、爱戴和追随。

6. 放手使用促进下属成长

培养下属要落到实处，关键在"用"。重视人才，说一千道一万，最终要看一个"用"字，不用或误用都等于零。是否敢于重用人才，能否恰当使用人才，直接体现一个组织对人才的重视程度，直接影响一个组织的事业发展。

能否实现人尽其才、才尽其用，不仅关系一两个人才的前途命运，而且会带来连锁反应：合理使用一个优秀人才，能够使人们受到鼓舞，激励更多人才脱颖而出、大显身手；而压制或错用一个人才，则会打击人们的积极性，让其他人才失去信心，宁愿"归隐"。

现实生活中，有些领导主动给人才锻炼和表现的机会不多；有时虽然用了，但由于被用者资历不够，不敢大用，致使他们的才干既得不到展示，也得不到提高，一些出类拔萃者只能跟着大队伍"齐步走"，等到资历熬够了，再平衡提拔，此时其锐气已丧失，才思也迟钝了，积极性也没了。这不仅是人才个人的悲剧，也是其所在组织的悲剧。

一个人要敢于放手使用下属，有意识地给他们多岗位锻炼的机会，增加下属参与管理的机会，帮助他们成长。若下属在参与管理过程中出现了一些小错误，也不该严厉批评，多以建议及商量的口吻效果会好得多，更能增强他们参与的积极性。

有些人确实存在嫉贤妒能的现象，越是平庸的领导嫉妒心越重。对那些有思想、有点子的人，轻者不支持、不保护，重者就是打击、挖苦，千方百计地把人挤走,在自己的一亩三分地上容不得别人指手画脚、说三道四。

常言道，人才难得。现代社会的各种竞争，说到底是人才的竞争。但是，真正从理论到实践都能信守"人才难得"的理念，且能在实践中不分亲疏远近，坚持用人原则的一视同仁，坚持用人唯贤，这可不是一件容易做到的事情。

一个人应从组织的全局出发，牢记担负的重大责任，热心发现人才、诚心使用人才、精心爱惜人才、用心留住人才，帮助他们解决实际困难。这样才能以情感人，以爱心换诚心，从而凝聚人才，壮大人才队伍。用好了一个人才，既成就了事业，也成就了他人，更成就了自己。

第二章　具备独到的眼光

　　眼光即是视野、眼界，既是目力所及的空间范围，一种观察事物的方法能力与胆识谋略，更是一个人素质能力的综合体现。用心工作很重要的一点，就在于他要眼光独到。一个人最重要的能力之一，就是要看得比别人早，看得比别人远，看得比别人更仔细。

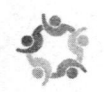

修炼领导力

用宽广的眼界看发展

所谓眼界,是指人们认识客观事物的深度与广度。眼界宽,就是要有"思接千载,视通万里"的心神所至,不能"只见树木,不见森林";而是要有"会当凌绝顶,一览众山小"的气概;更要"不畏浮云遮望眼",善于审时度势,把握发展趋势,在更为广阔的发展中奋勇争先。

一个人的眼界反映着他的思想境界。做任何事情,只有眼界宽广、目光远大,才能看得更广,才能心胸开阔。

红顶商人胡雪岩说过这样一段话:"如果你拥有一县的眼光,那么你可以做一县的生意;如果你拥有一省的眼光,那么你可以做一省的生意;如果你拥有天下的眼光,那么你可以做天下的生意。"

眼光宽广的人,才会有着广阔的天地去拼搏、去奋斗。人的眼光往往会决定人生的高度和广度,以及以怎样的方式成就自我。

眼界宽,才能把握时代脉搏,做出正确的判断和决策。当今时代是一个快速变化、高度开放的时代,世界范围的大发展、大变革、大调整广泛而深刻,新事物、新情况、新问题层出不穷,国际与国内、此地与彼地的相互联系和影响日益加深。在这种情况下,眼界宽显得格外重要。

眼界宽,见识广,有利于了解形势、认清趋势,有利于解放思想、更新观念,有利于取长补短、拓展思路。一个人要"领"且"导",就要比一般人看得更广、更深一些。闭目塞听,孤陋寡闻,很多东西茫然无知,谈何有效应对?坐井观天,瞎子摸象,实际情况若明若暗,怎能取得主动?

想问题、议事情习惯于一种思路，眼光单一呆板，怎么创新？只盯脚下三分地，其他的事不闻也不问，不知也不管，眼光狭小，怎能领先？

眼界宽的人，不仅目光四射、眼观六路、耳听八方，注意多方面、多层次、多角度地观察和分析问题，而且具有世界眼光、战略眼光、历史眼光，善于从全局、宏观、长远上认识和把握问题。眼界宽广包括以下三方面的内涵。

第一，放眼世界的战略眼光。"会当凌绝顶，一览众山小。"战略眼光是必备素质。在当今这样一个各国、各地区之间联系日益增强的开放世界里，是否有战略的眼光、开放的思维，是否善于取他人之长、补自身之短，是决定一个区域经济社会发展水平的关键因素。闭目塞听、封闭落后，必然被时代所淘汰。要有放眼世界的战略思维，就是要站在世界的高度，从全球的角度来认识国情、考虑与谋划自己的事情，把每一步发展都放在国际大格局中运筹帷幄，进一步理清发展思路，激发创新活力。

第二，洞察未来的深邃眼光。"风物长宜放眼量。"领导是一任接一任的，而事业是长久不衰的。任何事物的发展总是遵循一定规律的，都有一个由隐到显、由小到大的演变过程。一个人想问题、办事情、做决策，都应着眼未来、着眼长远，从大局利益出发，不断增强工作的前瞻性、预见性。绝不能为了个人的"政绩"做表面文章，搞短期行为。一个人要站得高，看得远，想得深，在实际工作中有一种洞察未来、未雨绸缪、见微知著的本领。

第三，统揽全局的宽阔视野。"不谋全局者，不足以谋一域。"目无全局的将领，即使争得一城一池，最终难免全军覆没；目无全局的棋手，纵然围得一子一目，终究难逃满盘皆输。是否具有统揽全局、驾驭全局的

视野和能力,是衡量领导水平的重要标志。一个人应当要树立全局观念,培养系统思想,讲究辩证思维,善于在千头万绪的工作和错综复杂的矛盾中,牢牢把握和处理好各种重大关系,统筹兼顾好各方面的工作。要抓方向、谋大势、管大局,注重研究和思考带有全局性、前瞻性、战略性的重大问题,善于把自己所从事的工作和担负的责任放到全局中去把握。只有这样,才能站得高、看得远、抓得准,才能在一些重大问题上分清是非,不断提高驾驭复杂局面的能力,保证各项工作始终沿着正确的方向前进。

开阔眼界,既要打开视觉之门,密切关注周围世界的发展变化;更要打开心灵之窗,积极从书本、实践、群众中汲取各种有用的东西。一个人要拓宽自己的眼界,需要经过坚持不懈的努力,经受长期艰苦的磨炼。

宽阔的眼界,来源于广博的知识。广博的知识来源于持之以恒的学习。学习非一朝一夕之事,不可能毕其功于一役。要增强学则进、不学则退的危机感,发扬时不我待、"不教一日闲过"的精神,树立终身学习的观念,养成勤于读书、勤于思考的习惯。如果一个人满足于现有知识、满足于已有经验,习惯吃老本,重交往应酬,少学习研究,不思进取,最终会陷入严重的"知识恐慌"和"本领危机"。面对日新月异的世界,一个人必须清醒地看到自己的眼界、知识、能力有许多不适应的地方,并把这种忧患意识转化为学习的紧迫感和自觉性,落实到勤奋学习的自觉行动上,努力提高自己的理论水平和文化知识素养。

宽阔的眼界,拓展于具体的实践。宽阔的眼界不仅要在学习中获得,更要在具体的实践中得到证明、完善和拓展。只有将宽阔的眼界、广博的知识与具体的实践相结合,做到知行合一,才能在实践中使知识得到丰富和发展,使眼界变得更加宽阔。一个人在推进事业发展过程中,要善于对形势进行分析和判断，要善于把握事物发展的总体规律，放眼长远，着眼大局，把自己所从事的工作始终放在大背景下去思考，把工作始终放在上级的总体工作部署中去推动，勇于实践，善于实践，在实践中丰富自己的知识，在实践中拓宽自己的眼界。

宽阔的眼界，需要冲破狭隘圈子的束缚。要想拥有宽阔的眼界，就必须要顺应历史与时代的潮流，冲破传统的思维定式，用世界的眼光看待事物，用发展的眼光看待问题，联系实际，放眼未来，开阔眼界。

拓宽眼界，需要与时俱进，不断超越自我。人们常说，"山外有山，天外有天"。对于经过不断努力和锻炼，在提高境界、开阔眼界上所取得的每一点进步和成绩，绝不能自以为是、沾沾自喜，而应把它看成不断突破自我、超越自我的一个步骤，看成进一步提高自我、完善自我的一个台阶。社会在进步，时代在发展，实践在深化，开阔眼界、提高境界永无止境。如果满足于已有的进步，陶醉于已有的成绩，故步自封、不思进取，就会被时代所淘汰。"苟日新，日日新，又日新。"只有在新的起点上不断迈进，在否定自我的过程中不断超越自我，与时俱进，锐意进取，才能勇立潮头，拓展更宽更广的眼界，不断达到新的更高的境界。

修炼领导力

用长远的眼光看问题

长远的眼光是成功的重要条件之一。眼光的长远与否决定一个人的潜力界限。凡事看不长远,只考虑眼前而不考虑将来的人,是鼠目寸光;而懂得未雨绸缪,深谋远虑的人,是目光远大。一个人有了长远眼光,善于判断正确的发展方向,立足当前看长远,面向未来看走势,用发展的眼光来看待问题、分析问题、解决问题。

1. 眼光长远的人离成功最近

眼光长远的人往往能够走在时代的前沿。他可以看见别人看不见的东西,掌握事物发展的未来趋势,因而能够先行一步。在竞争日趋激烈的时代,这是成功所不可或缺的元素。短视者只能看到以前有过很优越的条件,被眼前的利益所迷惑,在享受今天的同时,忘记或忽略了给明天播种,最后只能被明天抛弃。

长远的眼光,是对未来趋势的某种预见,它让人看清自己的远大目标,召唤人们去行动;它让人做好面对未来机会和挑战的准备,更好地发展自己的事业,让人从一个成就走向另一个成就。目标越远大,意志才会越坚强;眼光越长远,考虑问题就越全面。没有长期的目标,没有长远的目光,便会有短期的挫折感,便会局限自己的发展。

将眼光放长远一点,能使人不断开拓进取、永不满足。目光短浅的人,有时候甚至很难适应瞬息万变的工作环境,很难适应当今这个日新月异、时时都有新事物产生的世界；而且容易滋生骄傲自大的心理，容易让人停止奋斗，止步不前，从而落后于别人，最终在激烈的竞争环境中被淘汰。

优秀的保龄球选手在投球时，眼睛望向哪里，肯定不是手里的球，也不会是两边的球槽，而是最前方，前方的球瓶。优秀的赛车手在努力超越对手时，眼睛望向哪里？肯定不是手里的方向盘，也不会是两边穷追不舍的对手，而是正前方的车道……任何需要经过直线运动，而到达远距离目标的竞争行为，都有一个共同的原则：眼睛向前看。

一个人更应具有远见卓识。一般来说，一个人越有远见，眼界越高，他所干的事业发展前景越好。把目光放远一些，一是能看清方向，走得顺利，不至于总是遇到障碍走回头路；二是走起来不会觉得太累，能走得快，走得远。

2. 眼光长远才能事业兴旺

眼光，是人们用人生经验、学识、胆识和智慧来观察世界、观察社会、观察他人的一种标准和思维，眼光是决策的前提，看一个人的眼光，就是看一个人的选择。同时，看一个人的选择，可以判断一个人的眼光和心胸。

长远的目光，是看到并非摆在眼前的东西的能力，是看到别人未看到的具有重大意义的事物的能力，是看到机会的能力。只有看到别人看不见的事物，才能做到别人做不到的事情。

看一个人的眼光是否长远，就能知道这个人有没有昂扬的志气，有没有远大的理想，有没有美好的前途。通常有长远眼光的人，能够不拘于现有的状况，对事物发展做出大胆的预测，具有冒险精神，并且有着睿智的头脑，懂得如何能够实现目标。一个人的眼光，不仅仅在于他有

高瞻远瞩的能力，也在于他有没有丰富的想象力。

盛大网络公司在纳斯达克上市，陈天桥凭借65%的公司股份坐拥88亿元人民币的财富，"三十而立"的陈天桥完成这些只用了5年的时间。2019年10月10日，陈天桥夫妇以400亿元财富位列《2019年胡润百富榜》第65位。网络游戏成就了陈天桥，他最重要的是眼光，是他有穿透商机的眼光。

同样做一件事情，人的聪明才智不同，做法不同，效果就会有天壤之别——差别不在于事情本身，根本的原因在于眼光问题。

一个人看得到多远才有可能走到多远，为了自己能够走得更远，所以，一个人必须把眼光放长远一点。

3. 放眼未来，关注长远

一个人不仅要关注眼前，更要瞄准未来。凡事预则立，不预则废。一个人无论是想问题还是做事情，都要进行超前思考，在立足现实的基础上，着眼于长远发展。任何事物在变化之前，总要表现出一些征兆、迹象和苗头。只要善于观察分析、及时洞悉事物发展变化的各种征兆、势头，就能见微知著、未雨绸缪。

放眼未来，关注长远，一个人才能顺利通向成功。事物发展具有连续性，今天是昨天的延续，明天又是今天的延续。所以，一个人在进行战略谋划时，必须立足今天，总结昨天，预见明天；必须深入研究当前，透过纷繁复杂的现象，揭示事物的本质和规律，从已知推断未知，从现实把握未来。

但在现实生活中，有少数人不能用长远眼光谋划当前工作，显得有些急功近利，有些浮躁冒进。他们干工作、搞项目，缺乏一种发展的眼光、长远的眼光、全面的眼光，而只顾眼前利益或一己私利。有的热衷于"短、平、快"，追风逐浪，今天比盖高楼大厦，明天争建大道广场，对事业发展缺少长远规划；有的本职工作还没做好，就开始想方设法调入认为实惠的部门。

一个人要注意处理好眼前利益与长远利益的关系。眼前利益即现实的利益、最近的利益、当下的利益。长远利益是由一个个眼前利益构成的，是通过一个个眼前利益来实现的。从根本上讲。眼前利益和长远利益是统一的，而不是对立的。但是，在现实生活中，眼前利益和长远利益之间的矛盾又是经常发生的，有时甚至是不可避免的。对此，必须正确处理眼前利益和长远利益的关系，使各方面尽量满意和均衡。

用长远眼光处理眼前利益，还需有壮士断腕的勇气。着眼长远，有时就要放弃一些眼前的利益。但为了更大的利益，为了公司的可持续发展，一个人必须有足够的勇气和魄力，宁可暂时速度慢一点，也要做好打基础的工作；宁可吃些眼前亏，也要为未来发展着想。

修炼领导力

用敏锐的眼光做出决策

作为领导，应反应灵敏、眼光锐利，能够透过纷繁复杂的社会现象，敏锐地发现即将对工作产生影响的变革及其征兆，能够及时掌握时代的脉搏，把握前进的方向，做出有预见性的决策。

这是一种适应时代发展趋势、与时俱进、随时调整领导行为的能力，是现代领导工作对一个人的素质提出的一条基本要求，也是确保领导工作获得成功的一个先决条件。

领导需要有"一叶落而知天下秋"的敏锐。无论分析问题、调查研究，还是做决策，都要善于见微知著，善于从事物稍纵即逝的、细微的、不明显的迹象和苗头上，及时发现和鉴别问题，从而更好地指导和开展工作。

1. 善于察言观色

作为领导，一定要明察秋毫、见微知著。人的表情、眼神等是人内心的反映，通过表情就可以掌握人的内心活动，以此来帮助自己决策，掌控未来的活动。

领导要学会从细微处考察人才。所谓细节决定成败，它也同样适用于人才的选择上。领导考察人才时，最应该注意的是下属平时在工作中的细节问题。

领导必须学会从外到内去认识人的本质，也就是从外表的仪态、容貌、声音、神色、眼神、举止等观察其内在的品性，要注意锻炼自己观察细节的能力。

事事留心观察，时时睁大双眼，从别人不留意的细微之处来考察，一个人就能练就一双辨别人才的"火眼金睛"，就能全面地看清一个人。

2. 善于明察秋毫

善于明察秋毫，是一个人的观察分析能力的体现。领导的基本职能就是决策，而通过观察获取及时、准确、适用的信息是决策的基础。善于观察，进而对事物的分析、判断、把握能力又是决策水平高低的重要条件。

汉高祖七年，高祖刘邦想进攻匈奴，派人去察看敌情。匈奴把强健的士兵和牛马都藏起来，去的人只看到老弱的兵士和瘦弱的牛马，使者去了十多次，回来都说匈奴可以打。高祖又派刘敬去，刘敬回来报告说："两国交锋，本应显示优势。而如今我前去，只见老弱的兵士和瘦弱的牛马，这必定是匈奴想以示弱来引诱我们出击，然后埋伏奇兵以夺取胜利。我认为匈奴不可以打。"高祖不信，出兵二十多万讨伐匈奴。匈奴果然出奇兵，把高祖包围在白登山，七天后才得以解围，高祖回到广武，把前十多批使者都杀了，唯独放了刘敬，并封刘敬二千户，赐爵关内侯。

刘敬之所以能洞烛幽微，关键在于他善于去伪存真，透过现象看到本质。

3. 培养敏锐的眼光

有的人生来便拥有敏锐的眼光，但更多优秀的人所拥有的敏锐眼光是后天培养的。而培养敏锐的眼光关键在个人，而非其他。那么怎样才能具备敏锐的眼光呢？

一是提高政治敏锐性。所谓政治敏锐性，就是在不同时期要对国家的方针政策有正确的理解和掌握，或者对上级的要求与指示及时领会和把握，并结合实际贯彻执行。增强政治敏锐性，最重要的就是要有政治意识、政治头脑，善于从政治上分析、观察和处理问题，把握大政方针，明辨大是大非。

二是坚持全面深刻地看问题。所谓全面，就是要一分为二地看问题或事物，也就是要用矛盾的眼光看待一切问题或事物。世界上任何事物都有两个或多个方面，都是对立统一的。在观察时既要看正面，又要看反面；既要看有利因素，又要看不利因素，全面地看待每个事物，对事物的把握才能准确、完整。而所谓深刻，就是不能表面地看问题或事物，而是深入问题或事物的内部，去看背后隐藏着的问题或事物，发现事物本质的特点，不能被其表面上的一些特点、现象所迷惑。一个人只有经常进行这样的观察，才能使观察渐趋敏锐、精细、准确，从而提高洞察事物和认识问题的能力。

三是细察以见微。一个人要有敏锐的观察能力，就要做到广闻博识、兼听则明，注意收集各个方面的信息，包括好的和不好的信息，既要听喜报，又要闻忧讯；就要做到细察见微，细察是见微的关键点，通过观察接触问题和事物，发现苗头，掌握动态；就要有超常的敏锐性，要善于发现蛛丝马迹，要比一般人看得早些，看得细些，想得深些。一个领导做到细致观察还要注意走出两个误区：一是避免一叶障目，不见泰山，走出受局部事物的蒙蔽，看不到事物全貌的误区；二是避免坐井观天，管窥蠡测，走出观察事物受客观条件制约产生局限性的误区。

四是精思以知著。见微知著，先见微，再析微，然后才知著。精思是善于知著的重要保证。人们观察到的往往是事物的表象，所接收的信息往往粗精同在，真伪并存。但是事物的发展都有一般的规律，表象反映本质，量变必然导致质变，偶然中有必然，必然中有偶然。

乐于动脑，勤于思考，凡事要问个所以然，要探个究竟，同时还要善于思考，精于思考，对所观察到的事物和形势，对调查中听到的反映和意见，对所掌握的各种信息进行分析和研究，分清主次，鉴别正误。

看问题不要事事较真

领导的眼力、精力和能力都是有限的,况且,不是盯得越紧、看得越清就越有成效。很多时候,领导要睁一只眼闭一只眼,似见非见,大事清楚小事糊涂,更有利于发挥自己的作用。

领导在大是大非面前始终保持清醒的头脑,勇于坚持原则,凡事严谨认真,无疑是值得充分肯定的。但在工作中,并非所有的事都属于大是大非的范畴,尤其在与同事及下属的交往中,如仍延续这种思维及行为惯性,不分场合,不分性质,事事较真,则可能会产生某些负面效应。

1. 糊涂领导最精明

人有聪明和糊涂之分。聪明人明察秋毫,反应敏锐,把大大小小的事都记在心里,总要找到解决办法才肯罢手,往往心力交瘁,精疲力尽;糊涂人对什么事都能看开、看淡,反应迟钝,反而活得潇洒自如,轻松自得。

实际上,生活中的许多事不必看得十分真切,更不必都装在心里。难得糊涂是解脱烦恼的最好办法,这样,才可以集中精力去想自己应该做的事,而不是将精力耗费在如何应对别人上。有些人活得累,事业无成,就是把太多的心思用在别人身上,轮到自己做事时,反而没有精力了。

苏东坡说:"大勇若怯,大智若愚。"真正精明的人往往让自己表现出几分糊涂,他们深知这才是智慧人生。

糊涂是一种修养，了解其精髓的人深沉、老练，可以经受失败的痛苦煎熬，可以平静地享受成功的快乐，可以随时虚心学习和体会，进行更高层次的思考；面临危急形势沉着冷静，泰然相对。

新希望集团总裁刘永好的一番经验之谈，便道出了此中的玄机："在企业管理上，作为一个集团企业，我们新希望集团的六十多家企业分布在全国各地，有些我去了，有些我还没有去过，我们的员工我认识一部分，大多数我不认识；我们公司每天都有好消息报上来，当然也有坏消息。有的事情明明是坏事，我本可以去制止它，但我没有，为什么？因为我认为应该如此，这叫大事精明，小事糊涂。要留有空间，你什么事都管完了，留什么给你的下属做？你的总经理做什么？这是一个现代企业应该考虑到的，有时候装糊涂是有好处的，能够培养一批人。当然装糊涂并不等于真糊涂，要是真的糊涂了，真的变成'二百五'，那就麻烦了。"

把大权交给下属，在别人看来是糊涂，实际上正是糊涂领导的精明之处。因为他知道只有这样做，事业才能不停歇地蒸蒸日上。那些宁肯让事业一步步走向衰落，也要把权力紧紧控制在自己手里的人才是最大的糊涂虫。

2. 小事糊涂，大事清楚

一个领导，首先要分清什么是自己要管的大事，什么是无关紧要的小事。凡是关系到事业发展的大事，一定要慎重对待，绝不可等闲视之。而大事往往不是每天都发生的。对于那些鸡毛蒜皮的小事，要让下属按照分工自己去解决，不要陷于烦琐的事务之中而不能自拔。但是，也要敏锐地观察和分析一些小事的起因和影响，不要因小失大。但是，一般情况下，

不必亲自去处理。

有的领导成天忙于迎来送往，忙于开会赶场，忙于日常事务，眉毛胡子一把抓，大事小事都要管，看上去很忙，但成效不显。之所以忙而无功，最主要的原因就是不善于抓重点。

领导要做最重要的事、最紧要的事，而不是一天到晚忙些鸡毛蒜皮的事情。"小事糊涂，大事清楚"，即对原则性问题要清楚，处理要有准则，而对生活中无原则性的小事，不必认真计较。"抓大放小"，小事糊涂而大事精明，既显得宽容大度、潇洒从容，也能活得自在坦然。

吕端，北宋初期幽州人。他幼时聪明好学，成年后风度翩翩，对于家庭琐碎小事毫不在意，心胸豁达，乐善好施。一次，吕端奉太祖赵匡胤之命，乘船出使高丽。突然海上狂风大起，巨浪滔天，飓风吹断了船上的桅杆，船上其他人十分害怕，吕端却毫无反应，仍然十分平静地在那里看书。

后来，吕端成为宋太宗的宰相。在处理军国大事时，吕端充分体现出机敏、果敢的才能。每当朝廷大臣遇事难以决策时，吕端常常能较圆满地解决。

公元998年，太宗驾崩，李皇后与内侍王继恩等密谋废太子，"端知有变"，立即将王继恩拘禁起来，辅佐宋真宗即位，挫败李皇后等人的阴谋。

由此可见，吕端的确"大事不糊涂"。后来，"吕端大事不糊涂"就成了典故，"小事糊涂，大事精明"，也成了人们处世的一种智慧。

其实"大事清楚"者怎么可能"小事糊涂"呢？须知大事就是小事积聚起来的。所谓小事糊涂，只是装糊涂而已，因为真正的智者不屑于在小事上浪费时间和精力。

在处理大事与小事的关系上，有人提出了一种论点：大事小事都精明——少；大事精明，小事糊涂——好；大事糊涂，小事精明——糟。因此，糊涂的领导并不糊涂，聪明的领导并不聪明，好领导一定要学会小事糊涂、大事清楚。

3. 对部下睁一只眼闭一只眼

成功的领导，应当善于发掘下属的潜力。增强下属的自信心，激活其潜力，使其充分展示才华，是一个人的一项重要职责，而"睁一只眼闭一只眼"是有效的方式之一。例如，可经常给下属布置一些有一定难度的任务，并告诉他，这是困扰自己较长时间且一直未能解决的难题，请他帮助想办法、出主意，寻找破解难题的钥匙。当下属提出富有建设性和创造性的建议时，要给予充分肯定和褒奖，赞扬下属比自己考虑得更完善和全面，以增强下属的自信心和成就感；即便发现下属的建议和方案有明显的缺陷和不足，也不能横加指责，而是要设法启发其进一步思考，自行解决问题。

人非圣贤，孰能无过，下属有时难免会犯错。如果某下属一贯对自身要求严格，只是偶尔犯了非原则性的小错误，则不必过分在意，稍加点拨即可，甚至可以忽略不计；如果犯错者对自己所犯的错误认识颇深，且已经陷入了自责和痛苦之中，就不能再雪上加霜地给予批评，必要时还要给予适当的疏导和抚慰；对下属某些无伤大雅的不良习惯，更要给予宽容。在下属处于窘境时，稍加"糊涂"，不仅能有效地减轻甚至消除其精神负担，维护其自尊，还可以使下属感到温暖，有效地激发其奋进之心，会对组织更忠诚。好领导都会给下属成长的时间和空间。

一个人授权给下属，就要充分信任他们，放手让他们在职权范围内独立处理问题，创造性地开展工作。对他们的工作除了进行必要的指导和检查以外，不越俎代庖，不随意干涉。因为信任人，尊重人，可以激发下属的自尊心和责任感，从而产生一种向心力，协调一致地行动。

第三章 能听进各种话语

古希腊哲学家芝诺说过：我们有两只耳朵，但只有一张嘴，所以应该多听少说。善于倾听的人，更容易与人进行交流沟通，保持良好的人际关系。人与人之间需要沟通、交流、协作、共事，倾听是为了准确地把握谈话者的意图、流露出的情绪、传播出的信息，并促使对方继续谈下去。

做一名善于倾听者

"倾听"不能和一般的"听"混为一谈。"听"主要是对声音的获得,"倾听"则是弄懂所听到的内容的意义,它要求对声音刺激给予注意、解释和记忆。所以,倾听不是单纯的生理反应过程,它同时需要做智力和情感上的努力。要真正欣赏别人的话,就需要提问,需要反馈,需要保持话题,需要分清已说的和未说的,甚至他人的体态语言也需要加以观察和解读。

法国作家安德烈·莫洛亚说:"人应善于集思广益,应当懂得运用别人的头脑。"他援引黎塞留的话说:"多听少讲有利于统治国家。"

汉代的韩婴说:"独视不若与众视之明也,独听不若与众听之聪也。"历史上的贤者都非常强调"善听",因为"善听"能使官员始终保持头脑清醒,始终做到廉洁自律、处事公道、决策务实,从而成为人们称道的好官。

沟通交流、联络协调、决策判断,是领导工作的重要内容,这些都要通过说与听来实现。

1. 倾听有利于了解下情

一个人在行使指挥和协调的职能时,必须把自己的想法、感受和决策等信息传递给另一个人,才能影响另一个人的行为。同时,为了进行有效的领导,一个人也需要了解另一个人的反应、感受和困难。这种双向的信息传递十分重要。

倾听是获取信息最直接、最有效的办法。交流信息可以通过正式的文件、报告、书信、会议、电话和非正式的面对面会议等方式进行。其中，面对面的个别交谈是深入了解下属的较好方式，因为通过交谈不仅可以了解到更多、更详细的情况，并且可以通过察言观色来了解对方心灵深处的想法。

有些领导在同下属谈话时，往往同时批阅文件或左顾右盼，注意力不集中，不耐烦，结果不仅不能了解对方的思想，反而会造成冲突和隔阂。

领导者必须掌握倾听下属意见的艺术。在对方说话的过程中，应不时地点点头，表示非常注意谈话者的讲话内容，使说话者受到鼓舞，让他觉得自己的话有价值，也就会更为充分、完整地表达他的想法，这不正是沟通所需要的吗？

一位领导下乡，喜欢多问多听。他说，我的调查研究很简单，就是开车随便进一个村，有时可以跟农民谈半天。我从中知道了好多事情：土地关系、分配关系、干群关系。不坐下来深入地谈，好多事情就很难了解到。

这些话朴实无华，却发人深省。

2. 倾听可以增进智慧

善听他人意见，虚怀若谷，从谏如流，就能集众人智慧于一身，照亮人生道路。开启"贞观之治"的唐太宗以善听臣子进谏闻名，在魏征等大臣面前拿出善于倾听的姿态，方能开启盛世，流芳千古；被尊为圣人的孔子，也在老子面前摆出善于倾听的姿态，耐心听从老子的教导，方集得大智慧，受到世代尊崇。

杰出的人几乎都有善于倾听意见的特点。萧克在回忆任弼时的文章中这样写道："弼时同志平等对人，善于倾听别人的意见，不管是在平时或在会议上,也不管是别人说话唠叨甚至言辞激烈,他总是耐心地听,让人把话说完,不轻易打断别人。他坚持原则而不激动,议论不多而思虑周详。一边倾听,一边思考。""当他考虑成熟以后,便'城门'洞开,如见肺腑,令人心悦诚服。"

3. 倾听有利于正确决策

乐于倾听,不仅是一个人的一种基本修养,更是一个人延伸大脑,问计于下属,实现科学、民主决策的重要方法。制定政策、做出决策,不仅要倾听领导意见,还要倾听专家意见,倾听下属的意见。

正确决策从何而来?从调查研究中来。决策的过程就是深入实际、了解情况的过程,大部分就是听别人讲的过程。

《贞观政要》的作者吴兢说:"一日万机,一人听断,虽复忧劳,安能尽善。"一个人对自身不熟悉的领域,要多倾听熟悉情况同事的意见,要不耻下问,向行家、下属乃至一切熟悉情况之人虚心请教。对熟悉领域需要再认识,一个人更需要去倾听。时移事易,事物会随着时空的变化而发生变化,虽然外在表现形式不变,但内部却发生了质变。这个时候,一个人需要倾听不同方面的意见,善于从熟悉中发现陌生,善于从懈怠中捕捉新鲜,善于从表面中提取本质,达到思维常新、科学决策。

一个人如果高高在上、做一些自以为是的决策,而不清楚下面在具体的实践中会有怎样的困难和弊端,那么,这种决策也只能是美好的理想和愿望,在现实中可能难以得到贯彻落实。沃尔玛公司的创立者萨姆·沃尔顿说:"认真倾听你所在公司的每一个人的谈话,千方百计地找到让他们开口说话的办法。正是那些在第一线的工作人员——那些真正和顾客谈话的人，是真正知道正在发生的一切的唯一的一批人。你最好搞清楚他们都知道些什么，只有这样，你才能真正做出有价值的决策。"

一个人要认真对待每一个相关的人，不管是上级，还是下属，或者基层员工，听听他们真实的意见和看法，集思广益，择善而从，才能做出富有价值的决策。

4. 倾听扩展人脉

一些人总是认为，能说会道的人才是善于交际的人，其实，善于倾听的人才是真正会交际的人。

善于倾听的人常常会因此拥有非凡人脉，从而使自己在事业上有意想不到的收获：蒲松龄因为倾听路人的述说，记下了许多聊斋故事；唐太宗因为兼听而成明主；齐桓公因为细听而善任管仲成就霸业；刘备因为恭听而鼎足天下。

与之相反，会说的人有锋芒毕露的时候，也常有言过其实之嫌。话说多了，会显得夸夸其谈，油嘴滑舌；说过分了还导致言多必失，祸从口出。如果学会了静心倾听，就没有这些弊病，倒有兼听则明的好处。注意听，给人的印象是谦虚好学，专心稳重，诚实可靠。认真听，能减少不成熟的评论，避免不必要的误解。

人际关系失败的原因，很多时候不在于说错了什么，或者应该说什么，而是因为听得太少，或者不注意倾听所致。比如，别人的话还没有说完，就抢嘴插话，讲些不得要领、不着边际的话；别人的话还没有听清，就迫不及待地发表自己的意见；别人兴致勃勃地与他说话，他却心荡魂游、目光斜视，手上还在不断拨弄这个那个。有谁愿意与这样的人在一起交谈，有谁喜欢和这样的人做朋友呢？

一位心理学家曾说："以同情和理解的心情倾听别人的谈话，是维系人际关系、保持友谊的最有效的方法。"

倾听是一种姿态，是一种与人为善、心平气和、谦虚谨慎的姿态。有了这种姿态，就能做到海纳百川、光明磊落、择善而从。一个人乐于倾听、善于倾听，就能够不断汲取更多的智慧和力量，掌握先机和主动，把工作做得更好。

学会倾听下属的声音，团队就会更有责任，更加忠诚；学会倾听下属的声音，下属就会更加满意，更加支持。

倾听，看起来容易，其实不简单。倾听要有正确的出发点，不是为了摆姿态。一个人不能总是以自我为中心，自以为是，而是以真诚、谦恭的态度去倾听。同时，倾听的方式也很重要。要带着问题去听，带着思考去听，实现良好的互动。一个人倾听还需要雅量，即使是自己懂的问题，也要让别人讲完，尊重别人说话的权利。

做一名善于兼听者

有些人做到了倾听,但是没有做到"兼听"。每个人看问题角度不同,所以,如果一个人要想全面了解一件事情的话,应该多听一些人的看法,而绝对不应该仅仅根据某一个人的看法就轻易地下结论。一个人不仅要"倾听",而且要"兼听"。

所谓"兼听则明",就是充分利用各种渠道,广泛听取不同层次、各个方面的不同意见,进行比较鉴别,全面了解事情的真实情况,明辨是非,做出正确判断;单听信一方面的话,自己就糊涂,事情就弄不清楚,也就难辨是非,做不出正确判断。

据《资治通鉴》载,贞观二年,唐太宗李世民问魏征:"人主何为而明,何为而暗?"意思是,当皇帝的怎样才算得上是个明君,怎样的才是昏君,明君与昏君的区别又在哪儿呢?魏征答曰:"兼听则明,偏信则暗。"又说:"人君兼听纳下,则贵臣不得壅蔽,而下情必得上通也。"魏征不愧是一代贤臣,一语中的,深刻地道出了明君与昏君之间的本质区别。

唐太宗真正做到了"兼听",因而实现了史上有名的"贞观之治",君臣二人也因为敢于谏言和善于纳谏,成就了一段千古佳话。"兼听则明,偏信则暗"是古人留下来的政治智慧。在当今这样一个信息快速传播的社会里,面对纷繁复杂、形形色色、真真假假的信息,一个人只有多方听取意见,才能掌握实情,正确决策。

事实上,善纳良言也是一个优秀的领导者所应具备的基本素养,当领

导开始学会营造鼓励下属进言的环境之后,就会发现在某个时刻,一句"当局者迷、旁观者清"的提醒会令人恍然大悟,让那种以为自己能够一夫当关、万夫莫开的错觉瞬间消散。

1. 保持清醒,时常自警

如果兼听的对象仅仅是围绕在自己身边的那些唯唯诺诺、唯命是从的人的话,这种兼听就与偏信没有什么区别了。"千人之诺诺,不若一士之谔谔。"意思是说,与其听一千个人唯唯诺诺的话语,还不如听一个正直之人的谔谔诤言。一个人不仅要做到兼听,更要尽可能地多听少数人的意见。

作为手握权力的领导,对别人的进言多半能保持一份清醒和警觉,但很多时候,容易被自己所蒙蔽。如果一个人过于自信,甚至刚愎自用,听不得别人的不同意见和声音,等于自塞言路。

一个人每天要处理的事情和做出的决断不在少数,而来自不同方面的建议和意见也会很多。要学会听取和筛选不同的建议和意见。"兼听"就是既听正面的意见,又听反面的意见;既听赞同的意见,又听批评的意见。一个人不仅要虚心接受建议,而且更要侧重于听取不同的意见,绝不能把反面意见当作耳边风,更不能对之反感。

从领导角度来说,多听反面意见可以团结持有不同意见的下属,为他们的意见找到一定的宣泄渠道,这有利于化解组织内部的矛盾。对于能干的下属来说,领导乐于听取他们的意见,有自己的纳谏之门,他们就会更积极、更大胆地献计献策,会更勇敢地纠正领导的过错,更自觉地提出改进工作的建议。反之,如果领导一听到反面意见就大皱眉头,不接受下属的建议或批评，不参照他们的正确意见、方法、策略，甚至对献策的人假以颜色，乃至打击报复，下属的积极性就会受到抑制。所以说，偏听偏信、固执己见是做领导的大忌。

2. 虚怀若谷，明辨是非

一名卓越的领导者必须养成敞开胸怀接受忠言的习惯，通过下属的忠告适时提醒自己不断改进。

人是有局限性的，即使再英明的人，受自身经验、阅历、学识、年龄等因素的制约，不见得看待任何问题都能够高瞻远瞩，见微知著，十分透彻。集体的智慧是无穷的，群众的智慧是无限的，还是要多听听大家的意见，集思广益，群策群力，才能避免由于主观判断出现偏差，造成决策失误，给工作带来损失。

一个人要正确对待他人的好心提醒和善意批评。把忠言当耳边风，认为对方有意挑刺，将那些爱唱反调的人排挤出核心圈子的做法是不明智的。这样做的人自以为维护了个人尊严，实际上久而久之则成了一个"说不得"的人，下属将尽一切可能避免发表批评意见或传达坏消息，辖下从此再无出谋献策之人。

"不为偏听常俯耳"。倾听的姿态很重要，"俯耳"先要"俯身"。领导与下属交谈，也要放下架子，拿出诚实和谦虚的态度。没有眼睛向下的决心，没有放下架子、不耻下问的精神，就无法与下属沟通和交流，因而也就听不到"原生态"的声音。

"海纳百川，有容乃大。"一个聪明的人，应该具有大海般的胸怀，善于听取和吸纳各方面的意见。特别是对于批评的意见，更要"洗耳恭听"，

让下属把话讲完，并认真吸纳其中的合理成分。只有虚心听言，诚心纳言，下属才会真心直言，吐露真言。二者相互作用，良性循环，才能共同创造一种实事求是、风清气正的良好环境。

3. 耳听八方，从善如流

领导者要广开言路，注意听取各方面的意见。要听上级领导的意见，也要听普通群众的意见；要听专家、学者的意见，也要听来自工作一线、有丰富实践经验的员工的意见；要听"当局者"的意见，也要听"旁观者"的意见。不同的人从不同的角度、不同的立场出发，对同样的问题会有不同的见解，"仁者见仁，智者见智"，多方听取意见，多方汲取智慧，权衡比较，可以最大限度地激发人的思维，达到集思广益的效果。

"智者千虑，必有一失，愚者千虑，必有一得。"一个人多听群众的意见和建议，甚至是反对的意见，是大有好处的。向最坏处打算，向最好处努力，总是不会吃亏的。只有吸取经验教训，参考正反两方面的意见，才能权衡利弊，趋利避害，使决策符合实际，能够应付情况的变化，从而尽可能地降低决策风险，追求利益的最大化，使事业健康稳定地向前发展。

没有人全知全能，也没有任何一件事可以片面成立，凡自以为天纵英明的领导，都免不了要受下属的蒙蔽。让一个人聪明，不如让整个组织聪明；整个组织要聪明，要靠整个组织中每个人的能量串联；整个组织中每个人的能量串联，要靠畅通的意见渠道。真正的兼听，就是良好的沟通，良好的沟通是一个人应有的能力。

事实上，下属往往处在工作一线，对实际问题体会更真切，因此，进言具有一定可行性。一个人应对进言做深入实际的调查，力求全面准确地掌握情况，在此基础上接受有见地、有深度、有针对性的意见和建议。

当有人唱反调的时候，高明的人从来都是虚怀若谷，如沐春风，诚恳地听取群众的意见，择其善者而从之，其不善者而改之，从而得到大家的帮助和理解，在事业上游刃有余，发展顺利，前途光明。

不做偏听偏信的人

说某人耳根软,就是说他没有主见、容易听从别人的话。耳根软的人,往往是好的意见听不进去,对别人的奉承话、马屁话、讲情话或谗言、小报告、枕边风,一听就听进去了,"宁可信其有,不可信其无",偏听偏信,造成对事错判,对人失察,影响团结,贻害事业。

荀子说:"无稽之言,不见之行,不闻之谋,君子慎之。"意思是,没有考察的话,没有见过的行为,没有听说过的谋略,应该慎听慎从。历史上,因为偏听偏信误国误事的例子举不胜举:秦二世偏信赵高,遭受灭顶之灾;梁武帝偏信朱异,招来台城之辱;隋炀帝偏信虞世基,导致彭城阁之变。而上古时期,尧舜开放四方言路,广纳四方良言,同时拒谗言、惩诬陷,使自己看到了四方事情,安抚了四方百姓,成就卓著。

如果一个人偏听偏信,就会搅乱心绪,混淆视听,搞坏风气,应当力避之,慎防之。人要有原则,有主见,善于兼听,能够辨别是非真伪,始终保持清醒的头脑。

1. 场面上的话不要当真

场面上的话,有的是礼貌,有的是寒暄,有的是客套,有的是夸奖,有的是奉承,有的是感谢,有的是发自内心的真话,有的是言不由衷的假话。

场面话听听就是了,千万别当真。场面上的话就像口香糖,可以咀嚼但不能下咽。千万不要因为仅仅几句既没有根据又无须承担任何责任的应酬话，就乐得找不着北。

对场面上的话，大多数人是能正确对待的。不但自己要讲好场面上的话，对别人的场面话，也要懂得怎么去听。但也有少数人，爱听场面上的话，爱听奉承话，爱听恭维的话，甚至有些乐此不疲，有些飘飘然。

很显然，一个人如果陶醉于场面上的话，一旦失去了对自己的正确评价，就会一叶障目，丧失对自己的正确认识与评价。片面地看待自己，只看到自己优势或长处的一面，而看不到缺点和问题所在；就很难再接受别人的意见，而自以为别人是同意自己的说法的；就总认为自己想的、说的、做的是完全正确的，便听不得不同意见，更听不得批评；就会喜欢下属依附他，奉承他，绝对服从他，他永远生活在没有批评和建议的自我陶醉之中，逐渐地，他就从一个聪明人变成一个狂人，由狂人变成聋者，最后变成一个愚人。

《邹忌讽齐王纳谏》的故事大家都听过：邹忌为了解自己和美男子徐公谁更漂亮，先后问了妻、妾和客人，答案都是：徐公没有你漂亮。直到有一天徐公来访，邹忌才发现自己比不上徐公。邹忌为此思考再三，终于悟出一个道理：妻子说我漂亮是因为偏爱我；妾说我漂亮是因为怕我；客人说我漂亮是因为有求于我。然后邹忌由己及人，以家度国，规劝齐威王广开言路，不要再听信有求于王的左右亲信等的阿谀之词。

不可否认，现实生活中，有不少人出于各种各样的目的，在领导面前，总会多说些好听的话，想方设法恭维领导，奉承领导，讨领导欢心，反正不需承担任何责任，又能让领导高兴，还营造和谐快乐氛围，何乐而不为。实际上，这些话全无意义，也全非真心。说的人就自然地说了，

听的人也自然不必当真,听完了也就忘了。场面上的话是不可当真的,下属对领导的恭维话更不应该当真,"姑妄说之,姑妄听之"。

一个人千万不可把场面上的话当真,千万别相信场面上的话。对于称赞或恭维的"场面上的话",要保持自己的冷静和客观,千万别两句话就乐昏了头,因为那会影响自己的判断。冷静下来,反而可看出对方的用心如何。

2. 当心被"捧杀"

捧杀,就是过分地夸奖或吹捧,使人骄傲自满、停滞、退步,甚至导致堕落、失败。

一般来说,奉承话好听、悦耳、令人兴奋。古人曰:"官场陋习,乐于见长,不乐于见短,喜顺恶逆。"如今也一样,有的人听到难听的话很不是滋味,非常反感;而对那些在领导面前爱讲的虚情假意的恭维话、言不由衷的违心话,则感到听着顺耳。于是,奉承话就成了一种司空见惯的官场病、常见病、流行病。

据载,朱元璋一次微服外出,路遇彭友信,正好雨过天晴,万里长空出现了一道彩虹。朱元璋兴之所至,信口吟了两句:"谁把青红线两条,和风和雨系天腰?"彭友信灵机一动,马上应声接了两句:"玉皇昨夜銮舆出,万里长空架彩桥。"把朱元璋比作"玉皇",说"万里长空架彩桥"的,就是你这位"昨夜銮舆出"的"玉皇"。朱元璋听后,龙颜大悦。吟诗的第二天早晨,彭友信就被封为布政使。

清代才子袁枚上任县令前去向老师——乾隆时的名臣尹文瑞辞行请训。老师问他,年纪轻轻去做县令,有些什么准备,他说什么都没有,就是准备了 100 顶高帽子。老师说年轻人怎么搞这一套？他说世间人人都喜欢戴，有几个像老师这样不要戴的。老师听了也觉得有道理。当袁枚出来，同学们问他与老师谈得如何，他说已送出了一顶。

不难看出，奉承话的魔力实在太大，很容易被人接受，较物质贿赂更具有隐蔽性和欺骗性。善用"精神贿赂"者与善用物质贿赂者抓住某些人贪财的弱点一样，抓住了人们爱听好话、喜欢听顺耳话的弱点，察言观色，揣摩心理，百般迎合，把握机会，用三寸不烂之舌，大献溜须之词，不失时机地"发射"出"糖衣炮弹"，以取悦领导，攀附领导，达到自己的目的。听奉承话就像吸食鸦片，每次吸食时给人一种短暂的飘飘欲仙的快感，而一旦沾染就让人上瘾而无法摆脱，进而剥夺人的健康，摧毁人的意志，让人在忘乎所以间头脑发热，在飘飘然、昏昏然中上当受骗，为谄媚者所坑害。

谗媚之言甘、贤良之言直。人，应在奉承面前沉稳、深思，当官要处处低调。所以，对于奉承话，要警惕听。古人云："道吾恶者是吾师，道吾好者是吾贼。"奉承话好听顺耳，但往往包藏着钓钩，常成为一些佞人达到卑劣目的的惯用伎俩。只有警惕听，才能善于分辨"谀词"和"良言"的区别，"善人"与"恶人"的分野。因此，对于谀词要小心，要把溢美之词、浮夸之言、虚华之语拒于心门之外。

3. 妥善处理小报告

小报告和背后传话的现象在所有单位都存在，有很多是正面的，不全是负面的。比如，部门主管不好，员工提意见他也不听。站在员工的角度，这种情况下就有合理的越级报告理由。没有顺着正常路途，不在

公开场合，尤其是当事人不在场的情况下进行汇报，形成小报告。小报告中相当一部分内容是合理的，有一部分是不合理的，有一些是负面的。比如，因为某个员工跟领导关系好，领导说："有什么情况给我打声招呼。"这种情况下的小报告很可能是负面的。

偏听偏信是当领导的一忌。有的领导喜欢下属到他那里打小报告。他把下属这种行为看作忠诚，看作获取信息的一个有效途径。其实，这种认识是不对的。"来说是非者，便是是非人。"当面不说，背后乱说。打小报告本身就是品行不端的表现。这种人往往成事不足、败事有余。事实表明，领导如果耳根子软，听信谗言，不但误人、害己，还坏事。

对"小报告"，领导应慎重对待。要具有鉴别是非的能力，善于洞察隐情，全面冷静地分析问题，理性判断。切忌脑袋发热偏听偏信，以防被"小报告"混淆视听，扰乱秩序，影响工作。

不被喝彩声所迷惑

所谓逆耳之言,是指那些不中听、不顺耳却包含真知灼见、促人警醒的话。虽然良药苦口利于病,忠言逆耳利于行,但就人性而言,人还是爱听好话不爱听逆耳之言的。正因如此,一个人更应注意听取逆耳之言。

人无完人,金无足赤。同事发自内心的提示与批评是一种关心和爱护,同时也是一种难得的帮助。一个人不但应该闻过则喜,还应该求批评若渴。如果长期听不到上级的逆耳之言,则反省自己的创新精神;如果长期听不到同级的逆耳之言,则反省自己的合作能力;如果长期听不到下级的逆耳之言,则反省自己的领导之术。逆耳之言实际上是关心和爱护,更是难得的帮助。千万不能被一片喝彩声所迷惑,而要检查逆耳之言这面"镜子"为什么对自己没起作用。

逆耳之言听起来不像"伏天喝冰水"那般舒服、清爽,非但不大中听,而且还如芒刺在背,令人面红耳赤。所以说,一个人听到逆耳之言时,要坐得住,听得下去,要有豁达大度的风范,做到"有则改之,无则加勉";要有兼听则明的睿智、虚心纳谏的诚意,要有闻过则喜、自我否定的勇气。而这一切,最终取决于一个人的政治素养和责任心。

1. 批评的话虚心地听

人,不观高崖,不知颠坠之患;不临深渊,不知没溺之患;不观巨海,不知风波之患;不接受批评,不知错识之患。因此,对于批评的话,要虚心地听。虚心地听，并不是听后不了了之。虚心听，是指对别人的态度要正，欢迎别人的批评，把批评作为一面镜子，照照自己是对是错，在什么地方错了，错的程度是轻是重、是大是小、是久是近，以及危害的程度。

无论是同级、下属，还是同行，但凡能给你进诤言、说真话的，应该说都是非常难得的。无论他们是直言不讳地指出你的缺点和毛病，还是毫无顾忌、不留情面地指出工作上的失误和漏洞，一个人都应该虚心接受，并针对一些问题造成的不良影响，制定一些补救或完善措施。切不可意气用事，死要面子活受罪，从心里排斥那些敢于直言的正义之人，如此一来，就很容易成为掉进"蜜缸里的苍蝇"。

一个人虚心听过批评之后，要做到"四思"：一思批评是出于公心还是私心。对出于公心的批评，要积极地接受；对出于私心的批评，要耐心地讲明道理，使之真正明白"用伤害别人的手段来掩饰自己缺点的人，是可耻的"。二思批评是善意的还是恶意的。善意的批评是积极、健康、保护性的批评，恶意的批评是打击、报复和伤害性的批评，同事的批评多是善意的，要心存感激。三思批评是针对人还是针对事。批评要对事不对人，批评不是要与谁过不去，而是对某一错误现象不能容忍，必须加以改正。四思批评方法是科学的还是不科学的。有的批评比较严厉、言语尖锐，有的批评比较委婉、旁敲侧击，有的批评循循善诱、软硬适度，这些批评只要大体没错，就要以平常心去对待，多想他人的长处，多找自身的短处，做到有则改之，无则加勉。

一个人应以诚恳、积极的态度欢迎别人提出批评意见，要有"闻过则喜"的心胸、度量，善于从不同的意见，特别是批评的意见中寻找合理的、可资借鉴的内容。胸怀宽广，诚心听取意见，真诚接受批评，不仅可以拓展思路、修正过错，也可以更好地团结同事，赢得别人的尊重与信赖。

2. 反对的话要分析地听

由于主、客观等多种原因，人们常会碰到有人提意见，说反对的话。听到反对自己的话，不要急、不要烦、不要气，更不能怒发冲冠、火冒三丈，与反对自己的人顶、吵，或拍桌子打板凳。一怒之下踢石头，只能痛着自己的脚指头。正如毕达哥拉斯所说："愤怒以愚蠢开始，以后悔告终。"

对反对自己的话，听后要保持理智。现实生活中，有些人往往以怒制怒，以怨报怨，结果，不仅无助于化解矛盾，反而越闹越大。有耐心者则方寸不乱；情理结合，才能"猝然临之而不惊，无故加之而不怒"；理清"乱麻"，解开"疙瘩"，化解矛盾，才能减少工作失误。所以，当有人提反对意见，要沉着、沉思、反省，进行一番分析，找出别人反对自己的原因。

别人反对自己，可能错误在自己，也可能在对方，这两个方面的情况都是存在的。反对自己的话，不一定是全错的，也不能认为自己是全对的。世界上一切事物都有两面性，生活错综复杂，谁都不可能洞察一切。遇到问题，遇到矛盾，分析事物中包含的互相对立而又互相联系的因素，多些换位思考和辩证思维，才能减少认识上的盲目性、行为上的盲从性、僵化后的对峙性。

我们不能仇视提反对意见的人。不计较反对意见，以豁达的风度直面人生，就能远离许多烦恼；以谦虚的态度，把同事请进门，让反对自己的话讲完，才能弥补自身的不足；以宽容的胸怀对待同事，才能赢得回报。

对反对自己的意见，只有进行全方位的分析，把不同的意见摆在桌面上，进行梳理、归纳、分析，明辨是非，正确地认识事物，正确地认识自己，才能吸取教训，纠正错误，把事情办正确，处理妥善，不留后遗症。

要看反对意见是少数人还是多数人。如果某项决策大多数人叫好、少数人反对，说明决策总的来看对多数人是有利的，可以在继续推行的基础上，加强宣传解释和疏导。如果某项决策多数人都在反对，那就说明决策可能存在问题，应该采取措施予以纠正。

要看反对意见有理有据还是胡乱聒噪。有理有据的反对自然要听，还要认真分析，对自己的行为和决策做出适当调整。对无事实根据的胡乱聒噪，身正不怕影歪，大可保持一点涵养，一笑了之。暂时的反对也许是一些人出于对领导的不了解或对某项决策的认识不全面，这需要有针对性地进行解释和引导。这样做，才可能由反对转化为赞成，由对立转化为拥护。

3. 牢骚话里找差距

牢骚，就是怨言、烦闷不满的情绪，就是对事物的看法、对时事弊病的鞭挞、对领导和组织的不满，不能通过正当途径反映表达，只能在私下或不公开场合说出来，在非正式的场合、亲戚朋友中发泄。它反映的是领导或本部门存在的不足和问题，表达的是对领导的期盼、对公司的期待。牢骚虽然不雅，甚至有些尖锐，但其中有理在，反映的往往是真实的情绪和想法。

牢骚话好像是下属不经意时讲的，但不能不在意，因为有些牢骚话就是原汁原味的真话、实话、心里话。听到牢骚话，应以此为镜，对照检查，差距找到了，问题找准了，解决起问题来就能"对症下药，药到病除"。

当局者迷，旁观者清。对这类愤世嫉俗之言，要注意听取，能听出弦外之音；以此作为镜子，审视工作，反思决策、工作部署和工作落实中的失误；吸取民意，集中民智，科学决策。切不可一棍子将怨言打死，认为牢骚消极不予理会，甚至堵塞言路。

不愿意听牢骚话的人主要有两种：一是自以为是，总认为自己的看法和决策高人一等，看不起下属，拿别人的见解当小儿科；二是力不从心，有想听下属牢骚、改进工作的想法和愿望，但是听后该用的没有用，该摒弃的没有摒弃，做出的决策或制定的政策事与愿违，变形走样。

勇于接受批评建议，特别是善于听取牢骚话，是一种境界。达到了这个高度，才能把牢骚话变成好事情，才能成为一个耳聪目明的好领导。

4. 错误的话要参考地听

我们每天听到的话语中，有正确的，也有错误的。对于正确的话，往往易于接受、采纳，在心情上也比较畅快、舒畅；对于错误的话，由于它不符合事实、不符合实际情况，甚至扩大事态，扭曲事情的真相，违背事物的本来面目，对人有刺激感、委屈感，因此不愿意接受，滋生心理上的不痛快、不愉悦。

对于错误的话要参考地听，不能听到什么就是什么，更不能听后就定音。所谓参考地听，就是听一听讲错话的人，他们出于什么原因、什么动机，要达到什么目的。

用谅解、宽恕的眼光和心理看待讲错话的人。多一分心力注意别人，就少一分心力反省自己。对错误的话，要用慈悲和温和的态

度对待，一个高尚的人闻人之谤会自修，闻人之誉当自惧。错误的话尽管是错误的，也要查一查、看一看、想一想，对于自身存在的错误是否处在苗头期、潜伏期，有什么新的动向、动态，在主观上找一下原因，这是非常有益的。尽管在工作上尚未犯错误，也要把错误的话当警钟，总结一下经验教训，不仅可以发现问题，及时予以补救，而且可以及时纠正主观认识上的偏差，获取规律性的认识，自觉地打好预防针，设牢"防火墙"，使自己变得更警觉些、更聪明些，在工作中也就会少犯错误，或者不犯错误。

　　由于每个人所处位置、经历、专业和从事的业务性质不同，对某个人或某件事有不同的看法和见解是很正常的。对于自己的下属和员工，无论他们针对某人或某事表达了什么样的诉求，或者反映了什么样的情况，哪怕一些信息和情况很不客观，甚至说是非常偏激的想法，都要有则改之，无则勉之。尤其是对那些敢说真话、勇于直言的下属，不能因为给自己提了几条意见或建议，就觉得"事多"，甚至视其为"异己""另类"等，更不能视其为"绊脚石"和"愣头青"，在工作上给其"施压"或"穿小鞋"，在生活中给予打击报复。

第四章 要有良好的口才

努力练就一流的口才，真正做到口才良好，能说会道，长于演讲，富有说服力。如此，才能充分展示一个人的智慧、能力、性格，增强个人魅力和公众影响力。

练就卓越的口才

口才是一个人的必备之才，口才的好坏，不仅直接影响一个人的形象和威信，而且在一定程度上还会影响他的工作质量和工作效果。良好的口才，不仅是宣传鼓动的需要，还是传授知识、增进人际关系的需要；能言善语，充分表达自己的意愿、准确传递指挥信息，显然更有利于工作的开展。

当众说话水平高，能说会道，才能正确地领悟上级的意图并恰当地表达出来，而一个唯唯诺诺、语无伦次的人肯定不能很好地做到这一点。一个人通过讲话可以让上司、同事、群众对自己有更深层次的了解，从而赢得大家的信任，这样才有机会被提拔到更高的职位，胜任更重要的工作，也才有施展才华、成就事业的机会。

一个人给别人的印象好坏，除了仪表之外，最重要的就是谈吐，即说话的表现。一个会说话的人，不管走到哪里，总是成为众人瞩目的焦点。当然，这也使他们在人群中容易快速成为意见领袖。理由很简单，由于他们在表达时反应敏捷，他们的思想与意志主宰了全场，加上他们的斡旋能力更加超群，所以能解决别人不容易解决的问题。"说话浮躁的人，如刀刺人；而智者的舌头，却能成为医人的良药。"的确，语言的威力十分巨大。

由于同样一件事情，不同的表达，会产生截然不同的效果。如果话说得不好，很可能把事情搞糟。领导是一个群体的宣传者、组织者，话说得不好，有失水准，影响自然就更大。领导经常要在大庭广众面前抛头露面，往往成为各种场合的焦点和中心，这种时候，高超的讲话水平对提升领导形象就显得尤为重要。

春秋时期，晋国大臣荀息劝诫晋灵公放弃建九层之台的故事就很富有启迪意义。荀息得知灵公劳民伤财建造九层之台，冒着"进谏者，杀无赦"的危险来见灵公，说自己能连叠十二枚棋子，且垒上九个鸡蛋。灵公甚觉稀罕，便令他表演。荀息叠起十二枚棋子之后，又将鸡蛋往上放。灵公惊呼危哉！荀息见时机成熟，便说此不足为险，尚有更险之事。灵公问何事，荀息从容答道：九层之台，三载尚未完工，然男误耕，女误织，国库空，邻虎视，若此，国将亡矣，累卵之危尚可比？灵公恍然大悟，下令停建九层之台。

一个人有了良好的口才，才能以生动有趣的方式来论述事物，并能借助娓娓动听的口才来迅速地打动别人，那么，与那些知识比他更为丰富、却无法像他那样挥洒自如地表达自己思想的人来说，就拥有更大的优势。

有许多著名的政治家，都是天才的演说家，他们利用语言这把利器，圆满地完成了各项政治使命。周恩来、陈毅在风云变幻的国际政治生涯中善于辞令，机智，雄辩，大大提高了新中国的国际地位和声望。第二次世界大战时期，丘吉尔、戴高乐每一次铿锵有力的演说，都成为射向法西斯的利箭，极大地鼓舞了人们战胜法西斯的斗志。

美国前国务卿鲍威尔，把自己人生成功的秘诀概括为一个"说"字：急事慢慢说；大事想清楚了再说；小事幽默地说；没有把握的事不要胡说；别人的事谨慎地说；自己的事怎么想怎么说；现在的事做了再说；未来的事未来再说。

口才主要体现在讲话上。我们要有意识地提高自己的语言表达能力，善于在不同的场合，面对不同的对象准确生动地表达自己的思想见解。一个成功的讲话，应该有以下几个特征。

一是具有准确性。准确性是运用语言，与他人或组织进行交流的基本要求。有一些人，很有才华和见解，但一开口，却是茶壶煮饺子，满腹经纶难以说清，说者费劲，听者着急；也有的讲起来口头禅很多，打乱了自己的正常语流；有的语调平淡，缺少抑扬顿挫。这些都妨碍了思想的准确表达，使讲话效果大打折扣。为此，讲话要注意逻辑，应用准确、精练的语言来表达，努力做到讲话科学有逻辑性、条理清晰、无懈可击。

二是具有概括性。概括是人们进行抽象思维的一种表达能力。在讲话时，为了使人们能够很快了解自己的说话意图，领会精神，必须使用高度概括、凝练的语言，提纲挈领地把问题的本质特征表达出来，以达到"片言以居要，一目能传神"的效果。

三是富有通俗性。讲话不仅要生动、说理，而且要明事、易懂，使人乐于接受。要注意使用群众语言。大众语言来自人民群众，是人民群众发明创造的，它包括谚语、歇后语、常用语等。在讲话中巧妙地运用，能够增强讲话的感染力。常言道，好东西不要多用。俗语、谚语、歇后语也是如此，如果用得恰到好处，能起到画龙点睛的作用；如果用得过多过滥，就显得过于肤浅和滑稽，甚至引起听众的厌烦。

四是富有生动性。一个人无论在什么场合，都需要使用易被接受、鲜活生动的语言，而忌讳那种干涩难懂、空洞乏味的说教。语言生硬、呆板，只能让听话者觉得如同嚼蜡，自然不会有兴趣聆听领导的开导，这样也就收不到应有的效果。而干巴巴的套话官腔，只能拒人于千里之外，不但收不到好的效果，甚至连开展谈话也很困难。

五是富有鼓动性。一个杰出的领导，首先，应该是一个鼓动家。他要用语言去撞击人们的心灵，激励人们的情绪，坚定人们向前的意志。要做到这一点，就要求领导首先必须具有恢弘的气魄、宽阔的胸襟和无畏的胆略。其次，要有高超的语言运用技巧，在短时间就能调动人们的情绪，具有极强的鼓动力。最后，语言的鼓动性和感染力也与一个人在讲话中表明努力的目标，以及展示实现这一宏伟目标后的美好前景有关。因此，杰出的领导往往会利用这种普遍的社会心理，在报告、演讲、讲话中传达给人们某种可能达到的目标和希望，最大限度地调动听众的情绪。

口才，是一个人的知识、气质、性格及其思想观念的综合反映。我们要有意识地提高自己的语言表达能力，善于在不同的场合，面对不同的对象准确生动地表达自己的思想见解。要练就卓越的口才，需要从以下几方面努力。

1. 因人制宜，以练达助口才

讲话的目的是让人接受，讲话应注意场合、情境和对象，讲究因时、因地、因人制宜。一个人在大型会议上讲话，如果只见稿不见人，照本宣科，几页薄纸犹如一堵墙，隔断了自己与听众的感情交流，将会极大地影响讲话的效果。

与老百姓交谈时，要使用群众喜闻乐见的语言，注意从他们身边的事谈起，力求通俗易懂，深入浅出，亲切自然，生动活泼，朴实无华，使人家听懂、听清、听进去。

而与知识分子座谈、研讨时，要尽量说得文雅庄重些，讲话要有一定的理论高度和深度，才能与对方在同一平台上交流。

此外，业务协调、谈判，内事、外事用语也有很大差异，如果把外事往来中的言语照搬到同行、兄弟单位的交往和业务洽谈中，会使人产生玩弄外交辞令而敬而远之的负面效应。

和下属谈心更要注意对象的年龄、性别、身份、文化层次、性格及处境，讲究谈话的措词和方式，达到一把钥匙开一把锁的目的。

2. 语为情动，以声情助口才

语为情动，言为心声。以情感人，也是增强讲话魅力的一个重要因素。

"动人心者，莫先乎情。"言为心声，情真才能词切。只有诚恳朴实，以诚为本，体现关怀之情，才能引起心灵的共鸣。

讲话不但要以理服人，告诉人们要做什么，应该怎么做，还要以情动人，激发人们工作的激情和战胜困难的信心。讲话应注意使用抑扬顿挫的声调、清晰明快的速度来表达不同的感情，以增强讲话的魅力。与听众的心灵交融在一起，引起强烈的共鸣。

如果讲话华而不实，缺乏真挚的情感，虽然能欺骗听众的耳朵，却永远得不到听众的心。只有讲话时袒露情怀，敞开心扉，才能达到语调亲切、说理虔诚、激情迸发、内容充实的效果，才能字字吐深情，句句动心魄。

力戒不管大事小事，都让秘书代笔，自己只是开口念稿的毛病，要说自己的话，有自己的思想。讲话要体现时代精神，与时俱进地讲新话，结合实际情况讲出自己独到的见解，把过时的话去掉，别人说的话少说。

3. 博学多识，以文采助口才

孔子曰："言之不文，行而不远。"一个人的讲话也同样如此。如果过分相信自己的权力，认为讲得好不好都有人听，久而久之，就会失去听众，降低自己在群众中的地位和影响。一个人在讲话中应适当增添一些文采，使讲话适时迸发出一丝闪光的火花，使讲话妙趣横生，从而吸引听众，增强自身的人格魅力。

然而，语言的文采是建立在讲话者的见识、阅历和知识的积累上，不可设想，一个见识短浅、知识贫乏、读书很少的人能够做出一场文采飞扬的讲话。俗语说："胸有韬略，口有珠玑。"学习是思想的基础，是思维的驱动器。如果没有深厚的理论基础、透彻的政策水平和丰富的感性认识，即使巧舌如簧，也是言者昭昭、闻者昏昏，不是无话可说，就是讲不到点子上。

因此，我们必须博览群书，善于从学习中总结提高。学习逻辑学的缜密；学习语言学，正确运用词汇；学习古今中外的文学，加强自身修养；了解行业用语，熟悉一些俗语、名言警句和风趣幽默的口语等；学习辩证法，做到全面分析论述问题，达到解决问题的目的。

4. 姿势得体，以风度助口才

在讲话时，还可以适当运用一些体态语言，达到以风度助口才的目的。讲话传递给听众的不仅是语言，还有一个人的决心、信心、情绪等。所有这些都需要以相应的面部表情、身体的姿态、恰当的手势来表达。深刻而富有感染力的话语，如果配上灵活得体的仪态语言，不但能给听众以思想上的启发，而且能给人以审美的享受。

讲话或谈话时必须注意防止：一是恶语伤人。不礼貌的称呼、不尊重的话语或粗鲁的训斥都会让人生厌、反感。说话要掌握分寸，避免可能伤害别人的成分。即使对方确有缺点，也不可抓住不放，喋喋不休，刻薄刺耳，礼貌的做法应当是委婉批评，适可而止。二是冷落人。"己所不欲，勿施于人"，应该想想自己被人冷落的滋味。想使别人觉得自己的谈话有热情，并对自己有好感，就不要让人"冷"在那里。三是不雅的小动作。摸后脑勺，往往给人理屈词穷的感觉；脚腿抖动，往往给人以浮躁之感；挖鼻孔、揉耳朵，让人觉得缺少修养和风度。只有克服这些不良习惯，恰当地运用各种得体的姿势，才能建立起在听众中的良好形象，增添讲话的魅力。

讲好话、做好报告，是一个人品德、素质、智慧、学识、水平的综合体现。它不仅仅是一种能力，更是一种智力、一种魅力、一种竞争力。一个人要注意提高讲话的艺术，发挥运用良好的口才，使自己的工作更加得心应手。

在应酬场合说话有品位

业务往来需要讲礼貌、懂礼节，更需要掌握较高的语言表达技巧，说好应酬话。

应酬的基本要求是：态度要热情，措辞要得当，话语要文明，方式要讲究，语气要谦和。说话时要显示出尊重对方的诚意，做到"三不说""三不用"：容易挫伤对方感情的话不说，对方不爱听的话不说，对方一时难以接受的话不说；不使用反诘句，不使用冷淡和傲慢的语调，不使用带有讽刺意味的语言。这样，才能在应酬中显示出一个人较高的文化素养和层次品位。一般来说，一个人在应酬时，在说话上应当把握好以下几点。

1. 客气而不俗气

很多善于应酬的人都知道，能不能给对方一个良好的印象，关键在于是否善于使用适宜、得体的应酬语言。

现实生活中应酬语言的使用往往呈现两种极端：一种是语言生硬，缺乏热情；另一种是过分热情，俗不可耐。这两种极端皆不可取。在接待应酬中，对于同级、下级来访者，往往容易犯语言生硬的毛病；而对于上级和外地来客，又常常容易犯过分热情的毛病，这些都需要有针对性地加以克服。

适宜、得体的应酬话，应当是柔和、亲切、不虚假、不俗气，要让人感到是在真诚地欢迎他，而不是冷落或刻意地应付他。

虽然，初次见面要客气，但客气过了头，就会让人受不了。刚开始会客时的几句客气话倒没什么，若继续说个不停就不大妥当。谈话的目的在于沟通双方的感情，加深双方的了解，而客气话则恰恰是横亘在双方中间的墙，如果不把这墙拆掉，人们只能隔着墙做一些简单的敷衍酬答而已。

客气话是用来表示自己的恭敬和感激的，不是用来敷衍朋友的，所以要适可而止，多用就会流于迂腐、流于浮滑、流于虚伪。说客气话的时候要充满真诚，像背熟了的唐诗般泻出来的客气话最易使人讨厌。

缺乏真诚而刻板的客气话，绝不会引起听者的好感。"久仰大名，如雷贯耳""贵公司生意一定兴隆发达""小弟才疏学浅，请阁下多多指教！"……这些缺乏感情的、公式化的恭维话，若从谈话艺术的角度来看，还是改正为好。

说话要实而不要虚，这是说好话的要求之一。与其空泛地说"久仰大名，如雷贯耳"，毋宁说"您上次主持的冬季救济义卖晚会成绩之佳，真是出人意料……"等话，直接提及他的著名的社会活动。倘若恭维别人生意兴隆，不如赞美他推销产品的能力，或者赞美他的经营方针。请人"指教一切"是不可能的，应该择其所长，集中于某一两个问题请他指教，这样他一定高兴得很。

2. 尊人而不自夸

初次见面，如果尊重对方，说话投缘，配合默契，加强联系，就可能成为新朋友；如果话不投机，一句话说恼，或盛气凌人，对人不屑一顾，就可能成为冤家对头。这是每个人在社会交往中应十分注意的，也是十分重要的应该把握的分寸。

尊重对方，就应避免谈论对方不知道的事。有人说："不要在一个不打高尔夫球的人面前，谈论有关高尔夫球的话题。"这句话颇有道理。因为与人交谈时，彼此话不投机，往往会使人觉得非常尴尬，不知下一句该如何应付。

从另一方面来说，若与人应酬交谈时，所谈的话题，对方不曾接触，也不曾感受过，可能会让对方认为是在炫耀，无视他的存在或鄙视他的无知，如此一来，岂不是又疏远了彼此的距离吗？

古希腊哲学家苏格拉底说："好的应酬是站在对方立场去想。"这是一个重要的原则。任何一方忘记了这个原则，不仅会使对方不愉快，自己也会不开心。应酬要以对方为中心，也就是以对方为主体，尽量避免谈论对方不熟悉的话题。

注意选择对方和自己都感兴趣的话题。在平时应酬中，可以随时注意观察人们的话题，哪些吸引人而哪些不吸引人，原因是什么。自己开口时，便自觉地练习讲一些能引起别人兴趣的事情，避免引起不良效果的话题。

哪些话题应该避免呢？从自身来说，首先应该避免自己不完全了解的事情。一知半解、似懂非懂、糊里糊涂地说一遍，不仅不会给别人带来什么益处，反而给人留下虚浮的坏印象。若有人就这些对领导提问而回答不出，则更为尴尬。

其次是要避免自己不感兴趣的话题，试想连自己都不感兴趣的话题，怎么能期望对方有兴趣呢？如果强打精神，故作昂扬，只能是自受疲累之苦，还让别人觉得不真诚。

在应酬交谈中，不可能时时都能使对方和自己产生共鸣，况且现场往往有第三者的存在，但是，只要能找到彼此都感兴趣的共同话题和嗜好，如此一来，即使在交谈中产生失真问题，也不至于会使气氛变得过于凝重。

与刚相识的人开始交谈是最不容易的。因为不熟悉对方的性格、爱好，而时间又不允许多做了解。这时宜从平淡处开口，而不是冒昧地提出太深入或太特别的话题。最简单的是谈天气，或者从当时的环境找寻话题，比如，"今天来的人可真不少呀""这儿您以前来过吗"等。还有一个国人惯用的老方法：询问对方的籍贯，然后就引导对方详谈其家乡的风俗，这几乎是一个人人适用、经久不衰的话题。

3. 渐进而不急迫

通常，应酬当中的交谈会占据相当大的一部分，如果在谈话过程中自己意见不明朗，阐述没有条理性，那就难以成功。

在谈话时，必须注意对方的心理特征。如果在交谈中，不顾对方的心理变化，而一味地将想法统统搬出来，那么，很难得到对方的认同。一厢情愿的谈话往往会让对方厌恶。

孔子说："言未及之而言谓之躁，言及之而不言谓之隐，未见颜色而言谓之瞽。"意思是，不该说话的时候说了，是犯了急躁的毛病；该说话的时候却没有说，从而失掉了说话的时机；不看对方的态度便贸然开口，叫作闭着眼睛瞎说。

在交谈过程中，双方的心理活动是呈渐变状态的，这就要求和人交谈中应兼顾对方的心理活动，使谈话内容和听者的心境变化相适应并同步进行，这样才能让交谈意图达到明朗化，引起共鸣。

其实，如果是应酬高手的话，都懂得如何把应酬的控制权握在自己手中，也就是说，应酬高手善于控制场面，而不是由人家控制。

还有一种情况，那就是怎样从刚见面的寒暄应酬中转入正题。有很多人都是这样的，刚开始在寒暄应酬过程中气氛非常融洽，说了一大堆题外话，也注意运用种种应酬手段，但当他转入正题时说："其实，我是无事不登三宝殿，今天来此是为了……"或是这样："好了，好了，言归正传，我今天特地来拜访你不是为了别的，而是为了……"这样的转入正题，真是有前功尽弃之嫌。因为当他这样说时，对方已把他的说话一分为二，把他刚才说的所有题外话都看作是有计划的，有目的的，从而否定了寒暄的效果，并会产生一种警惕感——虽然这表面看起来似乎很是直截了当。

4. 恭维而不虚伪

一般人总喜欢别人恭维自己，有时即使明明知道别人是在说一些言过其实的奉承话，心里也还是乐滋滋的，感到舒服。

有些会应酬的人抓住一般人的这种心理特点，说一些得体的奉承话，常常会博得对方的好感，从而达到让对方帮助自己的目的。

可见，在应酬中适当地说一些恭维话、奉承语、赞美词是必要的，不能简单地将此视为客套、虚伪，不能认为是不严肃、丢身份的。至于应酬话是否虚伪，关键不在于是否说了几句好听的话，而要看话是怎样说的。

恭维一定要出自诚意。在和人见面时，适当地恭维人家是有礼貌有教养的表现。不仅可以获得好人缘，而且还可以使双方在心理和情感上靠拢，缩短彼此之间的距离。

适当的颂扬，常常会提高他人的尊严，使自己和他人之间的合作更顺利。

恭维一个人，出口乱夸是不好的，一定要表现出一种足以使对方认

为"赞得对"的热诚,而且所赞的一定是个不变的事实。

恭维应该顾及现场,如有旁人在场,则应注意到他们的心理,以免他们产生难堪,误会了诚意。最后,在措辞方面也要求掌握分寸,以免弄巧成拙。此外,恭维必须有针对性,语气一定要诚恳,点到即可。

虚伪地赞扬他人是不行的。比如,看到一位并不漂亮的女士,就不能赞她漂亮,因为这样,她会觉得是在故意戏弄她或是太虚伪了。所起的效果肯定不理想。其实,不一定要夸她漂亮,而改为夸她的头发、服饰方面。再者,夸她温柔、有气质也是一样——或许,她还会觉得夸她的人很了解她。

奥地利心理学家贝维尔说:"如果你想赞美一个人,而又找不到他有什么值得称赞之处,那么,你可以赞美他的亲人,或者和他有关的一些事物。"

恭维奉承要有度。恭维语言要恳切,以增强恭维的可信度。在恭维的同时,明确地说出自己的愿望,或者有意识地说出一些具体细节,都能让人感到真诚,而不会以为是溢美之词。

在奉承别人之前,要考虑对方的身份和层次,看其究竟需要何种赞美,究竟赞美到何种程度为宜。对于商人,如果说学问好,道德好,清廉自守,安贫乐道,他绝对无动于衷,应该说他才能出众,手腕灵活,现在红光满面,日进斗金,他才听得高兴。对于官员,如果说,生财有道,定发大财,他一定不高兴;应该说他为国为民,一身清正,廉洁自守,劳苦功高,他才喜形于色。对于文人,如果说他学有根底,笔下生花,思想深刻,宁静淡泊,他听了肯定高兴。他做什么职业,说什么恭维话。对他人的职业,应特别注意,这也是"看人说话"。

恭维话要说得恰如其分、适合其人,不流于谄媚,给人以善解人意、说话中肯的印象，让人听了十分高兴，而不能让人一听就感到浑身肉麻，被看作专靠吹吹拍拍混日子的虚伪之人。

5. 委婉而不唐突

一个人在应酬中需要一点拐弯抹角的委婉艺术，需要一些寒暄的语言，不宜直来直去。

在应酬过程中，常常会有一些人来请求领导帮忙。当领导力所能及的时候，相信都会很爽快地答应下来。大家都有这样的感受：承诺容易而拒绝难。

既然拒绝别人是如此之难，那么，就应给予足够的重视，平时就应注意掌握一些经验和技巧。

对于一些自己无法办到的请求，与其语气模棱两可，害得人家要跑几次来听最后答复，不仅使自己为难，也让人家空等，不如明确表示自己的意思。

在婉拒人家时，态度要真诚。委婉的目的，无非是为了减轻双方，尤其是对方的心理负担，并非玩弄技巧敷衍对方。因此，在委婉地拒绝对方时，态度一定要诚恳、真挚。特别是领导拒绝下属的要求时，更不能盛气凌人，要以同情的态度、关切的口吻讲述理由，可以表示同情，很愿意帮助对方，满足对方的要求，但因诸多因素，只能是心有余而力不足，爱莫能助，争取他们的谅解。在结束交谈时，要热情握手，热情相送，表示歉意。

注意把握婉拒的时机。在拒绝时，一般是早拒绝比晚拒绝好。因为及早拒绝，可让对方抓住时机争取其他出路。无目的的拖拉，对他人是不负责的。至于地点，拒绝时一般将对方请到自己办公室比较好。

婉拒时，不能伤害对方的自尊。人都是有自尊心的，在拒绝别人时，一定要先考虑对方可能产生的反应，所以要注意选择准确恰当的词语。不妨先称赞他的优点，然后再指出他不足的地方，说明不得不这样处置的理由，对方也会更容易接受，甚至感激领导对他的肯定。

在拒绝别人的过程中，除了技巧，更需要发自内心的耐性与关怀。若只是敷衍了事，就会让人觉得不诚恳，对人际关系伤害更大。因此，要多一些关心。在拒绝对方后，隔一段时间还应该主动地去关心对方的情况以示诚意。

当然，委婉也要有度。对于说话喜欢直来直去的领导或同事，就不宜老是委婉迂回，以免别人认为是在斗心眼、打官腔、不交心。如果不分场合，不看对象和时间，一味地在那里兜圈子、绕弯子，就会让对方感到心里发毛、憎恶。

做一个有幽默感的人

幽默是一种人生态度，也是一种生存技巧。幽默能产生一股力量，以对抗周围不如意的境况。幽默能使人放松心情，减轻压力。除此之外，凡是具有幽默感的人，通常在生活满意度、工作效率、创造力及工作士气等方面都胜过那些没有幽默感的人。

幽默是一种值得推崇的心理特质，有幽默感的领导往往会受到更多的追捧。古今中外，大到民族领袖，小至企业总裁，如果能适时地展露一点儿幽默天赋，将会受到下属更多的爱戴。

一个人的幽默，主要是指通过轻松风趣的方式来化解尴尬、窘迫局面的能力。在现今社会，做好领导工作就必须善于与人沟通，而幽默中所体现的智慧往往使沟通更顺畅有效，使下属在幽默中得到启示，使持有反对意见的人在谈笑中败下阵来。

英国首相丘吉尔非常有幽默感。有一次，他到国会发表演讲，一名女性议员对他的演讲内容极不满意，站起身说道："如果我是你太太，我一定想办法把你毒死。"丘吉尔的回答则更绝："如果你是我太太，不必等到你下手，我会先把自己毒死。"

幽默向来为智者所推崇。恩格斯说："幽默可以使人得到快活、振奋和慰藉，使他忘却自己的劳累，把他贫瘠的田地变成馥郁的花园。"幽默的作用不可估量。

1. 幽默可以消除紧张气氛

幽默能将人际交往中紧张、压抑的气氛排除，活跃现场气氛，创造和谐氛围，促进人与人之间的感情交流。

在我国，由于几千年的传统文化影响，大多数群众见到一个领导特别是高层领导，都难免有些拘谨和不自然。尤其是一时不慎做错了事，或者言语行为无意冲撞了领导，他们将更为紧张和恐惧。此时，领导若能说上几句幽默的话，就会把紧张与恐惧的气氛化解掉，使群众由紧张转为轻松，由拘谨转为自然，随之也就会打开思想闸门，向领导敞开心扉诉说真情实话。

1958年秋天，毛泽东在湖北视察时，邀请农民代表座谈。女青年晏桃香正患感冒，有人怕她传染给领袖，不让她参加。毛泽东知道后忙说："怕什么，少奇得肝炎多年也没有传染给我！进来，小姑娘，请坐。"不料，晏桃香刚坐下，就打了一个大喷嚏，喷得毛泽东满脸唾沫星子。在座的人都紧张起来，晏桃香也面有惧色。毛泽东连忙幽默地说："不要紧，我是六十多岁的老头子，不怕死。人家说身经百战，我也是身经百战不死，你一个喷嚏打得死吗？比蒋委员长还厉害吗？"一席话，说得大家哈哈大笑。毛泽东用这种幽默的话语营造了融洽和谐的座谈气氛，一下子拉近了领袖与群众的距离，使群众产生了平等感。

2. 幽默可以融洽人际关系

幽默好比化学反应中的酸碱中和，常可以化干戈为玉帛，使剑拔弩张的双方相视一笑，握手言和。

幽默好像润滑剂，它能润滑人们之间的关系，是解决各种矛盾和问题的好办法。幽默往往通过大家同笑的方式弥补人际间的思想鸿沟，增加人际间的信任，化解冲突。

有一次，萧伯纳在伦敦街头被一个骑自行车的人撞倒，虽然没有受伤，但也让他摔得够呛。骑自行车的人立即扶起作家，喃喃地向他道歉。然而萧伯纳却出人意料地打断了他，对他说："先生，您比我更不幸。要是您再撞得重一点就可以作为撞死萧伯纳的好汉名垂史册啦！"幽默给了萧伯纳惊人的自制力，萧伯纳的幽默也使双方摆脱了尴尬。

一句得体的幽默，可以消除人际间的误会和纷争，能够让人际关系变得更加和谐融洽。因此，幽默也是一种富有感染力和人情味的沟通艺术。

3. 幽默可以打破僵局

在遇到僵持窘迫的局面时，具有幽默感的人，都善于利用幽默这一秘密武器打开突破口，打破僵局，赢得有利的局面。

第二次世界大战初期，英国遭到德国法西斯的入侵。英国首相丘吉尔前往美国向罗斯福总统请求军火援助和共同抗击法西斯德国，而罗斯福总统则举棋不定。这使丘吉尔首相大为不快。

一次，当丘吉尔赤身裸体、大腹便便地沐浴时，不料罗斯福总统不宣而入。这种场面使双方都十分难堪。丘吉尔首相却急中生智地耸耸肩说："瞧，总统先生，我这个大英帝国的首相对你可是没有丝毫的隐瞒哪！"一句妙语，使进退两难的罗斯福总统捧腹大笑。这话及时掩饰了他自己一丝不挂的窘态，又含蓄地表明他的政治立场和态度也是毫无隐瞒与开诚布公的。这不仅恰到好处地打破了僵局，融洽了气氛，而且博得了罗斯福总统极大的好感与同情。为此，罗斯福总统欣然同意给英国以战略援助。

国与国是这样，人与人更是这样。当意见不一，造成对立情绪后，幽默可以帮助一个人在既不放弃原则，又不失体面的前提下与其沟通联系。被喻为"幸运之星"的美国总统里根上台后，要选择国会议员戴维·A·斯托克曼担任联邦政府的管理与预算局局长。但是斯托克曼曾多次在公开辩论中抨击过里根的经济政策，里根怎样把这种僵局打破呢？他打了个电话给斯托克曼说："戴，自从你在那几次辩论中抨击我以后，我一直在设法找你算账，现在这个办法找到了，我要派你去管理与预算局工作。"可以说，里根总统这个幽默的电话，不但打破了僵持的窘迫局面，而且还起到了化干戈为玉帛的功效。

4. 幽默可以增添领导魅力

具有幽默感的人，无论是在几个人面前，还是在大庭广众之下；无论是个别谈话，还是集会演讲，他都能借助幽默，将自己的学识、智慧、才华、能力展示出来，增加自己的感召力和吸引力，使自己处于统御全局的中心位置。

1972 年，中美首脑在北京进行历史性会晤。当毛泽东握住尼克松的手时，诙谐地说："我们熟悉的共同的老朋友——蒋介石先生可不赞成这样做。"美国作家 R．特里尔评论说，"这是一个生动的开场白"，"在场的 3 个美国人（尼克松、基辛格、温斯顿·劳德）马上感受到毛的意志力"。尼克松和基辛格在回忆与毛泽东会晤时，也不无感慨地说：毛泽东有一种非凡的幽默感。他永远是谈话的中心，在他的指引下，这次历史性的会晤，是在一种漫不经心的戏谑玩笑的气氛中进行的。轻松的俏皮话使人觉得是几个经常来往的熟人在聊天，一些十分严肃的原则性的主题在毛泽东诙谐随意的谈吐之中暗示出来。温斯顿·劳德也评论说:"即使我不知道他是谁,如果我参加一次他也参加的鸡尾酒会,他肯定会靠他的力量把我吸引。"

可见,幽默可以强化一个人的个性风采,增强一个人的人格魅力,进而提高其对于周围人的凝聚力、号召力与亲和力。

幽默是优良健康的品质,是人类智慧的闪现,是精神生活的补品,是人际交往的润滑剂,也是团结凝聚力的磁场,是一件瑰宝,我们应当珍视并巧妙运用它。

学会幽默、善于幽默,是提高领导艺术、改进领导方法的一个重要方面。一个人如果在日常生活中多一点幽默,少几分呆板,就会增添生活的愉快;在工作中多一些幽默,少几分冷峻,就可以减轻工作的压力,增进工作的热情;在思想工作中多一些幽默,少一些照本宣科,用幽默来创造一种融洽、轻松、和谐、友善的气氛,思想工作将会增加更多的吸引力、说服力、凝聚力。

幽默不可滥用,要注意把握分寸。幽默是生活的调味料,它使生活更加有滋有味。但是,再好的调味料都不可滥用,就好比用盐,用一点可以使菜味鲜美,但用得太多便会让人难以下咽。在沟通时,幽默要运用得当,方可发挥它的魅力。

小心将油滑当幽默。幽默必须言之有物,不能光耍嘴皮子,那叫作刻薄。刻薄的人总是拿着剑去刺伤别人,却不检讨自己,这种人十分惹人厌恶。幽默的人,给别人的感觉是机智、温暖、仁慈、敦厚,说出来的话能让人哭、让人笑、让人反省,回味无穷。即使是讲笑话,除了令人发笑之外,也要讲究深度,如果只是为了开玩笑而已,那会令人倒胃口。

恩格斯对幽默做过精辟的论述:"幽默是具有智慧、教养和道德上的优越感的表现。"幽默本身是轻松的，获得幽默却需要艰苦的付出；幽默本身是愉快的，具备幽默的素养却需要长期的努力。

一个具有高尚品质和趣味、胸怀坦荡的乐观自信者，才可能具备幽默的性情和活力。相反，如果趣味低级，就会失于油滑，若是邪邪乎乎、流里流气，"黄段子"不离口，那就惹人憎厌了。一个人如果不把握幽默的分寸，为幽默而幽默，必将损害自己在别人心目中诚实稳重的形象，减轻自己在别人心目中的分量，甚至直接影响工作的顺利开展。

幽默是一种修养，也是一种能力。幽默需要具有一定的智慧。一些才疏学浅、举止轻浮、孤陋寡闻的人是很难生出幽默感来的。要学会幽默的艺术，必须具备以下几个方面的能力：广博的知识和深刻的社会经验；敏锐的洞察力和丰富的想象力；高尚优雅的风度和镇定自信、乐观轻松的情绪；良好的文化素养和语言表达能力。

要想增强幽默感，就要真正懂得什么是幽默，从而把幽默用得恰到好处；就要不断提高自身的修养，努力拓宽自己的知识面，丰富自己的学识；就要注意观察，善于把蕴藏于生活中有趣的事物进行概括和提炼，以丰富自己的幽默素材；就要注重实践，实践是最好的课堂，在实际工作和人际交往中经常使用幽默，并且善于总结，就能够掌握奥秘，提升技巧。

学会赞美的艺术

人类本性中最深刻的渴求就是受到赞美。领导发现下属的闪光点，适时地赞美，能激励其荣誉感和进取心，进而大大提高工作效率。赞美的功效很多。

一是可以提高下属的自信心。一个人的成长、成功，离不开赞美，赞美就是给下属机会锻炼及证明自己的能力。一个温暖的言行、一束期待的目光、一句激励的评语，会激发下属的上进心，可能会改变一个下属对工作的态度，对人生的态度。在赞美的作用下，下属可以认识到自己的潜力，不断发展各种能力，成为生活中的成功者。

二是可以唤起下属的工作激情。领导的赞美就像一缕春风，滋润着下属的心田，又像一座桥梁，拉近了领导与下属的距离。在这种情况下，下属岂有不爱工作、不愿工作之理？适时地给予赞美慰勉，褒扬下属的某些表现，可以鼓励下属更加卖力地工作。

三是可以促进工作顺利完成。领导用尖刻的语言奚落、讽刺、挖苦下属，表面上下属是在听，按说的去做，但实际上下属只是在敷衍了事，因为他根本体会不到工作的乐趣，工作质量肯定不高。同时，因为奚落、讽刺、挖苦更多的是伤害下属的心灵，长此以往，下属的自尊被摧毁，自信被打击，智慧被扼杀，工作可能干得更不好，最后抱着"死猪不怕开水烫"的态度，这对下属、对领导、对单位都不利。

四是有利于树立威信。领导的艺术不在于做指示、下命令，而在于如何激励、唤醒、鼓舞下属为工作目标去奋斗。赞美下属，无疑会树立领导在下属心目中可亲、可敬的形象，觉得领导是值得信赖的人，这对于促进下属与领导的沟通，促进工作很有好处，下属也愿意为这样的领导努力工作。

擅长赞美激励的领导，能使"士为知己者死"。反之亦然。据中国人才调查中心的一份调查报告显示：中国每100位头脑出众、业务过硬的人士中，就有67位因人际关系障碍而在事业中严重受挫，他们都有一个共同的心理障碍——不善于赞美别人。美国《幸福》杂志对美国500位年薪50万美元以上的企业高级管理人才和300名政界人士的调查表明：其中33.7%的人认为，人际关系畅通是事业成功的最关键因素，其中最核心的就是会赞美别人。

可见，领导者千万不要吝啬赞美，应学会赞美的艺术，对下属多加赞美。几句不当批评可能会葬送其前程，几句真心的赞美也许就会创造一个奇迹。卡耐基说过："当我们想改变别人时，为什么不用赞美来代替责备呢？纵然下属只有一点点进步，我们也应该赞美他，因为，那才能激励别人不断地改进自己。"

领导者应当欣赏下属，搜寻其优点，给予诚挚的赞美，帮助别人发现自身的价值，获得一种成就感。同样是赞美，方式方法不同，其效果大不一样，要使赞美收到最佳效果，一个人应讲究技巧和策略。

1. 赞美态度要真诚

赞美下属时，一定要从内心里赞赏他的优点，并真心实意地希望他发扬优点，做出更大的成绩。只有真诚的赞美，才能唤起下属的真挚感、亲切感、温暖感、信任感，从而愉快地接受赞美。相反，如果赞美的态度不真诚，给下属留下敷衍了事、言不由衷的感觉，就会使下属感到被冷落，以致产生疑虑、不安等消极情绪，不仅不能发挥赞美的激励功能，甚至还会起到反作用。

为避免这种误会，领导必须做一个细心人、热心人，从内心对下属关心、关爱，多了解他们的思想、生活，发现他们的每一个细小的优点，必须确认并坚信对方确实具有可以被赞美的优点和长处，为赞美提供足够充分的理由。

赞美要情真意切。不能说空话、套话和模糊不清的话，否则就会给下属一种虚假的感觉。下属希望得到赞美，是想通过领导及周围人员的看法评判自身的价值。只有发自内心的赞美才能打动被赞美的对象，公式化的赞美如同一杯白水，缺少馨香，不会到被赞美者心里去。

赞美他人，无论是开诚布公的直接赞美，还是委婉含蓄的间接赞美，都应该让自己的赞誉之词显得自然，万不可矫揉造作。直接赞美时最好不使用那些过分的词语，要准确得体又优雅大方；使用含蓄的方式时，则要语句清楚，切忌犹犹豫豫、支支吾吾，显得缺乏诚意。

在赞美时，语言要发自内心，态度要庄重认真，不能给人以造作感和过于随意感。如果在赞美下属时漫不经心，一边读报、喝茶，一边说着几句赞美的话，不但不会起到赞美的效果，反而会引起下属的反感，认为领导是在敷衍他，对他不尊重，久而久之，即使当领导严肃认真地去赞美下属时，下属也不会很在乎。

2. 赞美内容要具体

赞美的内容不可草率。空泛的赞美往往没有什么明确的评价原因，甚至会引起混乱和误会，并让人怀疑领导的是非辨别能力和识人知人能力，觉得领导的赞美不可接受。而具体明确的赞美，因为是有特指的、实在的，产生的效果也会更好。领导应尽量提出值得赞美的具体内容，才能让人留下深刻印象。

一般来说，赞美用语越具体，越有针对性，效果会越好，下级会因此认为领导对他很了解，对他的优点和成绩很肯定、很重视，而从内心里产生感激。平常地说一句"你真的不简单""你的确很不错""你工作很认真"，这样的话，对被赞美者来说，起不到什么鼓舞作用。即使说这类话的领导是真心实意，人们也会把它看成一种人际关系上的礼仪客套。"你的文章写得不错。"这句话让人听了确实有点像敷衍。"你的文章立意很高，逻辑性强，语言优美，给人以知识和美的享受。"效果会大不一样。内容明确、有针对性的赞美，比一般性的赞美更重要，与其空泛、笼统地赞美下级聪明能干，不如具体地赞美他办成的几件事。

"尺有所短，寸有所长。"人人都有可赞美之处，只不过优点和成绩有大小、多少、隐显之分。只要细心观察，都能找到值得赞美的优点，即使缺点较多或长期处于消极状态的人，只要稍有改正缺点、要求上进的可喜苗头，就应及时给予肯定和赞美。

3. 赞美场合要适宜

赞美下属的某种行为，能鼓舞人心，同时也是向其他下属表明：领导提倡什么，不提倡什么，让大家看到学习的榜样，起到见贤思齐的作用，激发他们积极向上的精神。

当众赞美下属，被赞美者渴求荣誉的心理容易得到满足，就能激发出更高的工作热情，同时，还能教育和激励他人，使其他的下属暗暗憋上一股劲，你追我赶，你赶我跑，从而形成良好的工作氛围，使整个组织在一件小事上得到最大的收益。相反地，如果领导只对这位下属进行私下赞美，暗暗努力的也许只有这名下属一人，达不到上面那样好的效果。

当然，不是所有的赞美都适宜在公开场合，要看准时机。比如，当对方的上司在场的时候，赞美他组织能力强，这肯定会让对方尴尬不已，无所适从，还会引起对方上司的不满。赞美要选准时机，在最适合的场合表达由衷的赞扬。否则，即使赞美满怀诚意，也可能造成负面影响。

4. 赞美要及时

赞美及时与否，也反映了领导对下属的态度。赞美及时，下属会认为领导对自己是关心的、抱有期望的；反之，若迟迟得不到赞美，下属就会觉得领导对自己的赞美可能仅仅是应付而已，以致产生无所谓的心理。

赞美要适时，不得错过时机。每个人在完成工作任务后总希望尽快了解自己的工作结果、效率、质量和社会反应等，这就要求领导善于运用赞美，通过赞美对下属的工作、能力、才干及其他积极因素及时进行肯定，使下属了解自己的行为结果，自觉调整自我行为，巩固和发扬好的一面，克服、避免不足的一面。因此，赞美要坚持经常化，发现下属有出色的业绩就要及时赞美，不能等工作总结或任务完成之后再给予时过境迁的赞美。

对下属优良的表现及时赞美，会使被赞美者心情舒畅，再接再厉，工作更加努力，对其他人也能起到鞭策和促进作用。一个人，一件事，如果大家的印象已经模糊，再进行赞美，作用就会大大降低。在日常工作中，能不失时机地赞美下属，其效果可能是事半功倍，而失掉有利时机，其效果可能是事倍功半。

在赞扬下属时，不仅要赞美他们已经表现出来的优点，还要善于挖掘他们身上潜在的优点，从而给予及时的肯定。下属在获得意外的满足后就会更加注重工作效率和方法，进而提高工作质量。

5. 赞美要适度

赞美要注意分寸，否则"药轻则无效，药重则伤人"。这就要求在赞美下属时要讲究方法，既要把握分寸，又要中肯热情，使他们信心倍增。

赞美要适度，不可随意拔高。恰如其分的赞美会使人心情舒畅，精神振奋，干劲倍增。反之，如果赞美失真，不仅起不到激励作用，反而会引起各方面的意见，使人感到难堪甚至反感。在赞美下属时，首先要把要赞美的人和事搞清楚，从内容、方式和强度等方面把握好"度"，在实事求是的基础上表示自己的赞赏，尽量多提及一些具体的细节，用一些具体实在的语言表述，少用溢美之词。

赞美下属，一定要在下属的工作成绩达到该赞美的程度时才赞美。只有这样，下属才会产生无限的喜悦和神圣的使命感，感到自己得到了应有的承认，因而更加努力地去工作。

赞美并不是"灵丹妙药"，包治百病。在下属没有好的表现和成绩时，随便对其施加一通赞美，下属不可能信以为真而激发工作热情。很显然，若一开始他们还有所顾虑的话，他们很快就会不理睬领导的话，因为他们认为领导在搞阴谋，刻意讽刺。这会影响领导在下属中的形象和权威。

赞美不可太频繁。社会心理学家阿伦森发现：人们总是喜欢那些对自己的赞美不断增加的人，自始至终都赞美自己的人和起初贬低自己但逐渐发展到赞美自己的人相比，人们更喜欢后者。赞美别人时，要注意赞美的频率，慎重地给予赞美。

一个人懂得适时、公正、中肯地赞美别人，并且运用恰当的策略增强赞美效果，就会在人际交往和工作中收到意想不到的效果。

批评要讲究艺术

批评是抑制和纠正不良思想行为的基本手段。批评的目的是使被批评者认识缺点，改正错误。而被批评者认识缺点的过程就是自我批评的过程，只有当外界的批评内化为自我批评时，才能达到批评的目的。因此，批评下属是一件不太轻松也不容易的事情，有时会让那些缺乏管理经验的人感到无所适从。如果领导不懂得如何批评下属，就有可能降低单位的工作效率，甚至影响整个团队的工作情绪。

一般来说，无论是批评者还是被批评者，都对批评心存戒备。"良药苦口利于病，忠言逆耳利于行。"批评的话确实不中听，往往"逆耳""伤耳""刺耳"。尽管有时批评别人是发自内心的，也确实是出于爱护、关心、保护的目的，但因话逆耳，往往使被批评者产生抵触情绪，甚至反戈一击。因此，开展批评要讲究艺术，把握原则。

1. 尊重人格，勿伤自尊

批评人，应尊重被批评者的人格，不能因为他犯了错误，就随便侮辱之，这样很容易适得其反，引起被批评者的反感，达不到批评的目的和效果。因此，对于有这样或那样缺点、错误的人，更应尊重他们。

上级批评下级是为了工作，但应讲究场合和方式方法，以对方能够承受为原则，特别要顾及对方的自尊心。伤害别人人格的"严格要求"，有时会造成意想不到的严重后果。

人难免会犯错。伟人也好，普通人也罢，都可能出现和存在过失，但不管是谁，当他做了错事的时候，内心总是充满愧疚、悔恨、自责甚至恐惧。因此，在指出和纠正别人的过失时是大有讲究的，尤其是在指出和纠正下属的过失时，要运用换位思考的方法，多站在对方立场上，友好地指出和纠正他人的过失。

领导对下级进行批评要做到严而有"格"，爱而有"度"，既不可捧杀，又不能矫枉过正。正如《菜根谭》所言："攻人之恶毋太严，要思其堪受；教人以善毋过高，当使其可从。"意思是说，责人不可过分，教育人期望值不可过高，应顾及对方的人格和德才程度。

2. 弄清情况，有的放矢

领导批评下属，要使下属达到心悦诚服，没有以权压人、以势压人之感，很重要的一条就是要做到实事求是。所以，领导批评下属，切忌捕风捉影，主观行事。这就要求一个人必须心胸豁达，最忌讳神经过敏、疑神疑鬼、听信流言、无中生有，必须牢记"没有调查就没有发言权"。

在对下属进行批评之前，一定要了解事情的真相，弄清批评对象所犯错误的基本事实。在弄清问题时要实事求是，在分析问题时也要恰如其分，不任意拔高，不随意上纲上线；既不能掩盖，也不能无中生有。要搞清问题发生的前因后果。不少人往往注重事物发生的后果而不究其动机；而当事者往往强调动机而轻视后果，这都是不对的。

应当用辩证的思维认真分析动机与后果的关系。对动机不纯而后果也坏的，要严肃批评；对动机不好，但产生的后果并不坏的，应当承认其事实的同时，批评他的错误动机；对动机良好而效果不好的，首先要肯定其动机，传授其方法，再进行批评。批评过程中既要提出问题、指出错误，又不添枝加叶、无中生有；既要谈及危害、挖掘根源，又不乱扣帽子、一棍子打死，这样才能达到弄清思想、促进团结进步的目的。

3. 抓住时机，注意场合

及时的批评可以变成一种动力，利于工作顺利进行，效果比较明显。而过期的批评总带有"秋后算账"的意味，使被批评者心里产生抵触。所以，必须掌握批评的时效性，在恰当的时候提出恰当的批评。

对于重要但不紧迫的事情发生的错误，需要及时批评，并要当事人拿出解决办法，让其将功补过。对于紧迫但不重要的事情发生的错误，先解决问题是关键。然后，对当事人进行私下的批评，告诫其不要再发生类似事件。当然，如果这个错误是很多人都容易犯的错误，就要进行公开批评，目的当然是提醒更多人。对于不紧迫又不重要的小错误，进行暗示性批评即可。

批评要注意场合。人是需要尊重的，不分场合的批评，会刺伤人的自尊心，所以批评要注意场合。不同的环境场合，人的心理情绪不同，接受外来刺激的能力也不一样。因此，不要随意在人多的地方或大会上点名批评，否则会刺伤部下的自尊心。在集体场合进行批评时，用一些模糊语言，不指名道姓，只对不良现象进行批评，指出存在的问题，不伤害被批评者的自尊心，以照顾其面子。

4. 因人而异，对症下药

由于不同人的思想境界、知识能力、个性特点、自我调节能力不同，决定了他们对待批评的态度也会千差万别。因此，领导在运用批评这一方法时，要认真研究不同人的自身特点，充分考虑他们的心理承受能力，选择其能够接受的、效果最好的批评方法，切忌简单教条，搞一刀切。对于不善言谈、性格内向的人，批评要采取委婉规劝的方法，提示点拨，点到为止；而对平时表现较差，大大咧咧、满不在乎的人要采取疾风暴雨式的批评，使其思想有所触动。

一个人在批评时不能机械地用同一标准去衡量不同人的思想行为，而要具体情况具体分析，避免批评中的随意性和教条化。在批评工作中，既要批评普通员工，也要批评被重用的员工。有些被重用的员工，感觉自己高人一等，凌驾在别的员工之上，容不得半点批评，对这些员工的错误，也要大胆地提出批评。对于老职工的批评，通常采用个别谈话方式，在批评之前，要关心他的身体、家庭情况等问题，然后再提出自己的意见，且大多以商量的语气。

批评人而不给人留面子，是因为做思想工作的方法掌握不够。在把握批评原则的同时，要注意用好批评方法，提高批评的效果。

（1）先对事后对人

下属在工作中产生矛盾或发生冲突的时候，作为领导先要做的事情不是大发一通脾气，没完没了地追究责任，而是要把解决当前的问题放在第一位。

在批评别人的时候，只是片面强调"对事不对人"并不正确。首先一个明显的原因是所有的事情都是人做的。事情做错了，就一定有人为的因素在其中。要么是因为某人工作不负责任，要么是因为不同人员或部门

之间配合不好，要么是管理制度的问题，要么是人员的素质和能力的问题。只要有人为错误承担责任，就一定要有人为此受到批评和警告。

领导批评的只能是下属的错误言行，而不能借此对下属进行人身攻击。批评的一个目的是使下属认识和改正错误，另一个目的则是帮助下属改进工作，提高能力和素质。因此，领导批评下属时不仅要准确指出下属到底错在哪里，而且还要让下属知道如何去改正。

更为合理的做法应该是既对事又对人，按照"先对事后对人"的程序进行处理。首先应该把问题的来龙去脉搞清楚，提出并实施解决问题的方案。最后需要对事情本身做深入的分析，并由此找出发生问题的更深层次的原因。

必须防止那种单纯"就事论事"的做法。这种做法可能确实把眼前的事情解决了，但是，因为没有更深入地追究问题发生的根本原因并解决"人"的问题，就难免重蹈覆辙，按下葫芦浮起瓢，因此，对事的同时还要对人，让人明白错在何处，达到既批评了下属，又教育了下属的目的。

（2）先表扬后批评

以表扬为主才能充分调动下属的积极性和创造性。但下属出现过失，必要的批评也是不可少的，正如有病要吃药打针一样。批评可以使对方深思、自责，从而振奋精神，以更饱满的热情投入到工作中去。若采取先扬后抑的方法，即先赞扬再批评的方法，效果会更好。扬是抬高对方，唤起他美好的回忆；抑是激发对方，触动他的自尊，挖掘他的潜力。

卡耐基说："通常，在我们听到别人对我们的某些长处赞扬之后，再去听一些比较令人不痛快的批评，总是好受得多。"因为前面给他灌满

"蜜糖"，后面再让他喝上一剂"苦药"，再"苦"也不会那么难以下咽。被批评者不会产生强烈的对立情绪，更容易接受批评意见。

表扬是教育人的一种重要手段，当下属犯了错误之后，聪明的领导不会抓住他的小辫子不放，而是把批评与表扬有机地结合起来。高明的人，总是在批评前先肯定成绩，然后再真诚地提出存在的不足。

无论什么人，受激励而改过，是很容易的；受责骂而改过，是不大容易的。人都有脆弱的自尊心，都希望受到表扬而不希望受到批评。

因此，要多运用"先表扬，后批评，再表扬"的方式。这就是说，无论批评什么事情，必须找点值得表扬的事情留在批评前和批评后说，绝不可只批评不表扬，这是批评应该遵循的一个原则。在批评前，要肯定他在工作中的成绩，表扬他的一些优点，使他认识到领导并没有看低他，缓和双方之间的紧张关系。在表扬的前提下，话锋再转到他所犯的错误上来，帮助他分析错误的原因，指出造成的不良后果，提出解决问题的办法，这样可以减轻其对领导的抵触情绪，说出心里话，接受批评。最后，再设法表扬鼓励一番，力争用一种友好的气氛结束谈话。这要比单纯批评的效果好得多。

（3）在提问中批评

在提问中批评，就是领导以请教问题的态度，把批评信息传递给下属。通常的做法是，把要批评的事用提问的方式表示出来，以此引起被批评者的思考，使其在思考中醒悟，在醒悟中认识和纠正自己的缺点和错误。

具体来讲，就是针对下属的心理特点，改变那种居高临下教训人的批评方法，以请教问题的态度，平心静气地对下属的缺点和错误进行畅所

欲言、以理服人式的批评教育。这样做有利于改变被批评者可能存在的对抗心理，提高批评意见的可接受性，使他们感到批评意见是充满诚意的，从而虚心地接受。

发问批评法比较适用于那些善于思考、性格内向、各方面都比较成熟的被批评者。这种类型的人一般都具有一定的接受能力，他们对自己的错误和过失，多数情况下都能一点即明、幡然醒悟。因此，把批评的信息以提问的方式传递给他们，他们便会予以高度重视，并随之在思考中自我醒悟、自觉地改正自己的缺点和错误。

有些时候，领导在批评下级时，有些问题不便直说，可以采用间接婉转的办法。最好的方法应该像理发师给顾客刮胡子一样，只有先抹上肥皂泡，软化它一下再刮，才比较容易。批评人也是这个道理。批评只有被下属内心接受，口服心服，方才有效。

第五章　保持良好的心态

心态，从心理上讲，指的是内心活动，从哲理上讲，指的是人的意识。通俗地讲，"心态"就是人的思想活动和精神状态。人的心态决定精神状态，精神状态决定事业成败。一个人一定要注重"养心""治心"，善于调节自己的情绪，始终做自己心态的主人。

培养自信心

许多成功人士的精神品质中都有一个共同点，那就是自信。自信是走向成功的第一步，是成功人生的必要条件，是成功的重要精神支柱。一个人拥有了成功的信心，才能保持最佳状态，把全部精力集中到所追求的目标上，才能取得成功。古往今来，许多失败者之所以失败，究其原因，不是因为无能，而是因为不自信。

自信，使不可能变为可能，使可能成为现实。美国著名心理学家马斯洛说："事实上，我们绝大多数人，一定有可能比现实中的自己更伟大些，只是我们缺乏一种不懈努力的自信。"

自信是一个成功的人应具备的心理素质，是一个人树立威信的基础，也是一个人更好地履行职责、做好工作的根本保证。只有具备了自信心，才能得心应手地处理手头的工作，才能坦然自若地思考问题，有条不紊地归纳自己的思想，在公共场所或各类人士面前侃侃而谈，话语富有哲理而又让人信服。

自信的人更有魅力，更能赢得下属的信任和追随。很难想象一个唯唯诺诺、前怕狼后怕虎、缺乏主见的人能够得到下属的尊重。在自信的状态下，人们的口头表达能力和思维能力都明显较平时为强。一个自信的人更是如此，他们在言语中所体现出的从容与镇定，激情与乐观，在不知不觉中感染着听众。一个人的自信使一个公司、一个部门的工作充满着向上的朝气与活力。特别是在突发事件面前，一个人的自信能够使局面保持稳定、人心更加安定，也使执行力空前增强，局势得到迅速改观。

有了自信，就具备了开拓进取的基础和条件，因为有了自信，就有了创造精神和创新意识。自信对于领导尤为重要，特别是面对困境时，领导的自信心就是整个组织的自信心。反之，缺乏自信心的人，怕这怕那，畏缩不前，故步自封，往往难以达到设想的目标。

尼克松是打开中美建交大门的美国总统，但就是这样一位富有远见的人物，却因为一个缺乏自信的错误而毁掉了自己的政治前程。

1972年，尼克松竞选连任。由于他在第一任期内政绩斐然，所以大多数政治评论家都预测尼克松将以绝对优势获得胜利。然而，尼克松本人却很不自信，他走不出过去几次失败的心理阴影，极度担心再次出现失败。在这种意识的驱使下，他鬼使神差地干出了后悔终生的事。他指派手下人潜入竞选对手的总部所在地水门饭店，在对手的办公室里安装了窃听器。事发之后，他又连连阻止调查，推卸责任，在选举胜利后不久便被迫辞职。本来稳操胜券的尼克松，因缺乏自信而导致惨败。

只有自信的人才能够信任别人。因为领导本质上是一个用人成事的人，没有对别人的信任，就不能充分地挖掘潜藏在下属心底的潜力，就不可能组建一支优秀的团队，达到预期的目标。

自信并非与生俱来的，是在不断的社会实践中，于长期生活体验整合的基础上逐步形成的，与后天的培养训练密切相关。那么，一个人应怎样培养自己的自信心呢？

一是客观地认识自己，正确评价自我。积极客观的自我认知与评价是自信的基础与核心。只有具备了较强的自我认知与评价能力，才能避免评价不当引起的自卑与自负两种偏向，才能从根本上增加自信。自信是建立在自知基础之上的，而且是正确的清楚的自知。因此，要有自知之明，善于彻底地分析自己，如实地估价自我，正确地找出自己的优缺点。既不过高地看待自己的长处和成绩，又不贬低自己的能力，从而诱发积极性和创造性，产生内心向上的力量。

二是坚持正面心理暗示，加强自我激励。加强积极的自我心理暗示，不断对自己进行正面心理强化，避免对自己进行负面强化。当碰到困难时，一定不要放弃，要在内心里坚持对自己说"我能行！""我很棒！""我能做得更好！""我一定会成功的！"重复这些词语，是一种很重要的自我正面心理暗示，有利于不断提升自己的自信心。还要保持适度的自豪感，多看看自己的长处，多想想成功的经历，经过一段时间的锻炼，自信心就会增强。美国总统罗斯福的夫人艾莉诺·罗斯福说："没有你的同意，谁都无法使你自卑。"自信是一个循环。如果一个人表现出足够的自信，别人就会认同他的自信，他就会因此而越来越自信。

三是以勤补拙，增强信心。自信以能力和经验为基础。加强知识的汲取和能力的训练对于培养一个人的自信心非常重要。因此，要建立自信，必须积极向上，勤奋学习，开阔视野，积极与人交往，善于接受新鲜事物，学会迅速捕捉新的信息，不断用科学文化知识充实自我，更新自我，提高本领，从容应对各种难题。在抓住机会展现自己优势的同时，注意弥补自己的不足，不断求得进步。这样，就会提高成功率，也会得到更多的赞扬声，肯定能增强自信。

四是充分准备，成竹在胸。凡事要做好充分准备。从事某项活动前，如果能做好充分准备，那么，在从事这项活动时，必然较为自信，从而有利于顺利完成这项活动。一旦这项活动做得很成功，必会反过来增强整体自信心。美国前总统福特说："其实，建立自信的方法很简单，就是对即将面临的各种问题，事先做好周详完善的准备工作。"准备充分，胸有成竹，是建立和增强自信心的必要手段。

常存感恩之心

感恩是一种美好的感情,是一种道德良知,是一种利人利己的责任,是一种不求回报的奉献;感恩是对自然、社会、他人的尊重,是对自然规律、社会规律和生命价值的敬畏。感恩是生活的智慧。常怀感恩之心,就会对他人、对单位、对社会少一分挑剔,多一分欣赏。常怀感恩之心,还能稀释内心的狭隘、积怨和郁闷,减少或缓解可能产生的矛盾和误解,原谅别人的过错和对自己的伤害,常怀感恩之心,就可以保持积极的心态,对自己的所得感到满足,而不会过多地挑剔;对自己的所失也会处之泰然,而不会过多地失落;对自己的付出会感到自然,而不会认为是吃亏。因此,一个人常存感恩之心,无论对他人、对社会,还是对自己都是非常有益的。

美国前总统罗斯福用自己的感恩之心,看待家庭的一次被盗行为。据说,有一次罗斯福家里被盗,被贼偷去了许多东西,一位朋友闻讯后,忙写信安慰他。罗斯福在回信中写道:"朋友,谢谢你来信安慰我,我现在很好,感谢上帝,因为:第一,贼偷去的是我的东西,而没有伤害我的生命;第二,贼只偷去我部分东西,而不是全部;第三,最值得庆幸的是,做贼的是他,而不是我。"对任何一个人来说,失盗绝对是不幸的事,而罗斯福却找出了感恩的三条理由。

送人玫瑰,手有余香。一个人用感恩的心去工作,就不会产生抱怨;用感恩的心去工作,就不会感到乏味;用感恩的心去工作,就不会在困难面前退缩;用感恩的心去工作,会觉得工作是为自己;用感恩的心去工作,在受到批评时就不会感到委屈；用感恩的心去工作，才能真正做到严于律己、宽以待人。

只有人人心存感恩，人与人、人与自然、人与社会才会变得和谐亲切，人们也会因此变得愉快而又健康。心存感恩的人，才能收获更多的幸福和快乐，才能摒弃没有意义的怨天尤人。心存感恩的人，才会朝气蓬勃，豁达睿智，好运常在，远离烦恼。一个懂得感恩并知恩图报的人，才是天底下最富有的人。

懂得感恩的人，才是具有良好修养的人，才是真诚待人的人。如果下属不懂得感恩，就不值得领导提携；如果员工不懂得感恩，就不值得老板重用；如果孩子不懂得感恩，就是家庭教育的失败。感恩是一种能力，更是获得能量与能力的途径。

知恩图报是中华民族的传统美德，并曾以精辟的文字警示世人，做人要常存感恩之心。如"施惠勿念，受恩莫忘""滴水之恩，涌泉相报""衔环结草，以谢恩泽""乌鸦反哺，羔羊跪乳""谁言寸草心，报得三春晖"等，都强调知恩图报是做人应有的品德。

受恩不忘，是一个人有良心的表现；知恩图报，是一个有道德的行为。《说苑》中有语："惟贤者，能为报恩。"意思是说，只有贤人君子能够做到感恩图报。

1. 受恩不忘

拥有一颗感恩之心并非易事。当今社会，受物欲的左右，薄情寡义之人并不少见。诚然，施恩者当初并不图回报，有的恩也许一辈子都无法报答，但是，受人之恩，铭记于心，知恩报恩、有恩必报，却是做人应有的良知。

在社会交往中，对别人给予的帮助和恩惠，应当把它牢牢记在心里。不然的话，时间长了人家可能会认为我们不明事理，甚至会认为是个"白眼狼"。友好融洽的人际关系是建立在平等往来的基础上的。礼尚往来，是待人接物的基本礼节和道德准则。得到别人的恩惠和帮助，收下别人的礼物和关怀，应感到其中的友好之情，并予以不同方式的感谢或适当的报答。"投之以桃，报之以李。"人有恩于我不可忘。

别人施恩于我，付出一定的代价和一定的心血，哪怕是一点点感情，也是应该回报的。忘恩之人难以有长久的知心朋友。一个人如果希望与他人长期合作，彼此往来，就要不断深化感情，就应对别人的恩德及时进行报答。

2. 将感恩当作责任

很多时候，人们对自然、对社会、对领导、对同事，甚至对父母妻儿的付出漠然置之，认为那是自己应该得到的，是天经地义的。其实，世界上没有那么多的理所当然。在这个世界上，没有人欠我们的，不能把他人的付出和努力都视为义务而受之无愧。

所以说，感恩其实就是一种利人利己的责任：对自己的责任，对亲人的责任，对他人的责任，对单位的责任，对社会的责任。只有铭恩于心，才会有恒久的责任。

一个人应深怀感恩之心。要感谢父母给予了我们生命和身体；感谢组织为我们提供了发展机会和施展抱负的平台；感谢各级领导的严格要求和言传身教，使我们成长进步；感谢同事给了我们关心、爱护、鼓励、鞭策，使我们生活有趣味、工作有动力。在感恩之中化解内心的积怨，洗涤心灵的污垢，升华平淡的人生。

感恩要付诸行动。最好的感恩行为是勤奋工作，最好的报恩礼物是工作业绩。全身心地从事创业、服务社会、奉献他人，不断创造出经得起实践和历史检验的业绩，才是对社会和他人最好的回报。

3. 感谢他人的付出

个人的力量是有限的。一滴水只有放进大海里才能永不干涸，一个人只有当他把自己和集体事业融合在一起的时候才有力量。独木难成林，单丝不成线，离开组织的培养、领导的关心、家人的支持、同事的帮助，一个人即使有天大的本事，最终也必将一事无成。孤家寡人能够成就一番事业的，从前没有，现在没有，将来也不会有。

"经营之神"松下幸之助曾经说：当他的公司规模扩大时，他必须以九十度的鞠躬来感谢他的员工和无数顾客，正是他们造就了松下今日的成功。任何有价值的工作都不可能在没有他人帮助的情况下完成。达尔文说："要是没有为数众多的可敬的观察家们辛勤搜集到的丰富资料，我的著作根本不可能写成。即使写成了也不会在人们心目中留下任何印象，所以我认为荣誉应归于他们。"

学会感恩他人的付出，尊重和珍惜别人的劳动，学会多从好的方面想他人，多看别人的优点长处，是一个人应有的素养。

4. 乐于为他人奉献

人生在世，要学会分享给予，养成互爱互助的行为习惯。给予越多，人生就越丰富；奉献越多，生命才越有意义。人的价值体现在对社会、对他人的奉献之中。

奉献是真诚自愿的，离开了"自愿的付出"，就不能算是无私奉献。奉献，是不求回报的无私给予，不管是对社会还是对他人，奉献都是无偿的。人生最大的幸福是奉献。古今中外许多伟人英雄，他们生前无私奉献，为人类社会建立了不朽的功勋，人们把他们记在心里，千古流芳。

股神巴菲特已经为社会捐出了自己2/3以上的财产，并且向全世界承诺将捐出他全部财产的99%，只留极少的财产给他的子女。他这样做的原因是怀着深深的感激之心。巴菲特不仅感激自己能身在美国这样一个国家，还感谢自己能处在这样一个管理完善、好公司众多、机会层出不穷的证券市场。另外，巴菲特对自己的老师格雷厄姆也心存感激。

感恩是一种境界，感恩的人，经常想的是自己应该如何奉献；不懂感恩的人，经常想的是别人欠自己，如何去索取。

当感恩成为一种自觉，成为一种健康的心态，生命就会得到滋润，灵魂便有一种超越。每个人要始终不忘感恩父母、感恩组织、感恩社会、感恩他人。在感恩中，不断提升自身的修养和境界，不断服务社会、回报人民、担当责任，做一个让他人尊敬、令亲人自豪、受社会称道的人。

保持一种谦虚的心态

谦虚是一种美德，它有巨大的感召力，能够吸引人，提升自己的品格。一个人有了谦虚的心态，才能赢得他人的信任和支持，才能提升自己的亲和力；也只有具备了谦虚的心态，才能谨慎地处理各种问题，才能避免因为疏忽大意而产生的不良后果。"满招损，谦受益"，每个人无论身居何位，取得了怎样的成绩，都应该保持一种谦虚的心态。斯宾塞说："成功的第一个条件是真正的虚心。"

谦虚是进取和成功的必要前提。做人要谦虚，知之为知之，不知为不知。而不学无术、一知半解的人，却常常骄傲自大，自以为是，自作聪明，好为人师，喜欢夸夸其谈，这种人其实是一些眼高手低的人，是一些最无知的人。他们不知道，谦虚才能净化灵魂，谦虚才能赢得成功，甚至赢得生命。

北宋时期，欧阳修文甲天下，是举国公推的文坛领袖。而此时的苏东坡刚到中原，初出茅庐，还没有什么名气。这时欧阳修在一个偶然的场合读到了苏东坡的文章，他拍案叫绝，说："取读轼书，不觉汗颜，快哉快哉，老夫当避路，放他一头地也。"此后，他每有机会，必大力举荐，使苏东坡很快为天下所知。这种雅量，正是欧阳修之所以不是一个一般的文人，而是一代文学宗师的理由。

一个谦虚的人，一般是能够时刻自警自省的人，常常能够看到自己的长处但不迷恋自己的长处，也能看到自己的短处。谦虚的人，容易与他人拉近距离，容易获得别人的认可。

谦虚的人，往往能力较强，却不自负；总能学习他人的长处，以人之长补己之短；倾听别人的意见，乐于接受别人的帮助，发现自己有过失立即改正，不主观武断，不自视清高，不固执己见。

毫无疑问，不谦虚，就会骄傲自满、止步不前；不谦虚，就会夸大成绩、自我膨胀；不谦虚，就会听不进不同意见，甚至搞"顺我者昌，逆我者亡"；不谦虚，就会爱听奉承话，甚至吹吹拍拍、拉帮结派；不谦虚，就会自恃功高，权欲膨胀，觉得公司亏待自己；不谦虚，就会不把他人放在眼里，自视特殊，任意妄为。别人也就不可能从内心佩服他，不可能从内心去接纳他。

保持谦虚谨慎，是人们为人处世、工作生活所必需的。因为，人们对于新事物总是有一个从无知到有知、从浅入深、逐步认识的过程。人们对世界的认识和所要掌握的知识、技能是无限的。因此，每个人都应持谦虚态度，不断学习，不断进取。一个人无论经验多么丰富，在错综复杂的客观事物面前，对问题的认识和处理也难免失于偏颇。因此，在待人接物和处理问题时，一定要持谨慎态度，切忌急躁轻率、鲁莽冒失。

谦虚有利于保持平和的心态。一个手握一定的权力的人，容易被一些别有用心的人从精神上麻痹。他们往往会想方设法从精神上取悦、讨好领导，如在领导面前口吐阿谀奉承之词，给领导拍马屁、抬轿子、吹喇叭、戴高帽，目的是讨领导的欢心和器重。这时，领导者就要有自知之明，要清醒地知道自己有几斤几两，千万不能把这些场面上的话当真。尤其要保持谦虚谨慎的作风，即使自己有一定的能力和水平，也不能半推半就地接受他们精神上的贿赂，使自己一不小心落入他们设计的圈套。

谦虚能使自己思路更加开阔。一些人有了一点权力、有了一点业绩，就沾沾自喜、忘乎所以，甚至认为老子天下第一，世上无人可比。这时，就容易忘记学习，尤其是容易忘记向比自己级别低的人学习，向普通员工学习更是不可能的了。时间长了，这样的人只能成为井底之蛙，只能越来越脱离实际、脱离时代，最终被时代所抛弃。谦虚的人，则能主动俯下身子，向专家请教，向员工请教，从而不断开阔自己的思路，开拓自己的视野，才能把工作做好。

一定要注意保持谦虚的胸怀。谦虚处世，就要用平和的心态来看待世间的一切，有无私奉献、不骄不躁、淡定从容、宠辱不惊的宽广胸襟；不矫揉造作、不处处冒尖、不浮夸吹嘘、不盛气凌人、不飞扬跋扈、不盲目自大、不颐指气使。即使认为自己满腹才华，能力比别人强，也要学会藏拙。学会尊重别人的长处，善于守拙，既不会影响自我优势的发挥，还能赢得别人的尊重，何乐而不为？

谦虚处世，要始终把自己当成普通的一分子，自觉融入群众中去。一个人如果只是单枪匹马地战斗，不靠集体或团队的力量，是不可能获得真正成功的。在这个竞争激烈的时代，如果懂得汇合大家的能力和知识来面对一项工作，则将无往不胜。

谦虚处世，就要谦让不争。对一些没必要、不值得的事，低调是最好的选择。能舍则舍，能弃则弃，割舍些小的利益，换取更大的利益，维护大局的平稳，是低调者的至高境界，平时要多思索，少说话，多安静、少表现。不能被人看成是爱抢风头的人，从而激起嫉妒，产生矛盾和公愤。

要善于向下属学习。在日常管理中，每一位下属都有长处，应谦虚地向他们学习。一个成功的人，往往不是一开始即具备非凡的能力，而是不断地向他人学习，吸取别人的长处，从学习的过程中一步一步地完善和发展自己才能的。

做到谦虚处世、虚怀若谷，必须力戒三种现象。

一戒骄傲自满。老是记着过去的成就，表明今天做得不够好。一个人不能老是把过去放在口头上，满足于已有成绩，关键是看今天的贡献。要敢于承认自己的不足，善于寻找差距，"知之为知之，不知为不知"，极力改变自己自以为是的"半瓶醋"行为，自信做事，谦虚做人，坚持不懈，不断提高自身修养和能力。

二戒过分谦虚。谦虚需要把握好"度"，既不要锋芒毕露，也不能过分谦虚。过分谦虚会给人一种不真诚的感觉。过分谦虚也会使自己形成卑微的心理定式，说话做事唯唯诺诺，缺少大胆创新的勇气和果断行事的魄力，终将落后于时代发展。谦虚不同于自卑，不是要将自己说得低人一等，过分的谦虚等于骄傲，一味地谦虚会给人造成一种虚伪的印象。在该表现的时候，一定要恰当地展示自己的才能和实力，这才是心灵纯净的表现。

三戒丧失原则。谦虚不是迁就，不能在原则问题上"抹稀泥"。对班子成员敬重和谦让，应该体现在真诚学其所长和全力支持其工作上，而不是无原则地迁就。相反，一旦察觉班子成员的思想和行为有不对之处，就要实事求是、严肃认真地予以指出。柔中有刚，绵里藏针，这才是正确的谦虚。谦虚低调不是懦弱，而是比刚强更有力的策略，是潜心努力，积蓄能量，蓄势待发，是聪明持久的象征。

真正的谦虚不是一味地否定自己，而是对自我有合理清醒的认识，能够客观地看到自己的缺点，对自己的优点也不会盲目夸大。谦虚不是虚伪，更不是虚弱，而是放开心胸容纳他人，低下头来尊重他人。谦虚不是退避，更不是推诿，而是虚怀若谷的精益求精，不耻下问的处处学习。谦虚是一种永不满足的探索创新，谦虚是一种求真务实的思想品德，谦虚是一种能够坦然地面对成就和荣誉的精神境界。

能够承受委屈

人们难免遭受误解和委屈。由于身处风口浪尖上，置身矛盾焦点之中，在某些时候不被理解、受到埋怨、遭受指责是不可避免的。况且，人和人站位不一样，思考的角度不一样，看问题的方式方法不一样，对同一件事，可能会有不同的认识和评价。在这个过程中，很多时候由于传达沟通不到位，造成不同领导之间、领导与下属之间、员工与员工之间的认识不一样、思想不统一，导致误解、冤枉和委屈。

一个人要能承受委屈。承受委屈可以让一个人的胸怀更加宽广。一个人最重要的是要有眼光、胸怀和实力，特别是要有海纳百川的胸怀。不管别人怎么冤枉你，或者自己受委屈都没关系，自己要有海阔天空的胸怀；能笑是因为有胸怀，能做是因为有实力。

承受委屈是一种磨炼。一个人在企业的职位越高，背的黑锅越多。有的时候，只有多委屈自己才能达到更高的目标。对那些事业有成的成功人士，在他们辉煌的背后，其实也有他们的艰难、他们的不容易。他们超乎常人的忍耐，铸就了他们人格的魅力、博大的胸怀。

南非的民族斗士曼德拉，因为领导反对白人种族隔离政策而入狱，白人统治者把他关在荒凉的大西洋小岛罗本岛上 27 年。当时尽管曼德拉已经高龄，但是白人统治者依然像对待一般的年轻犯人一样对他进行虐待。

罗本岛位于距开普敦西北方向 7 英里的海湾，岛上布满岩石，到处都是海豹和蛇及其他动物。曼德拉被关在总集中营一个"锌皮房"里。

他每天早晨排队到采石场，然后被解开脚镣，下到一个很大的石灰石坑，用尖镐和铁锹挖掘石灰石。因为曼德拉是要犯，专门负责他的看守就有3个，这3个人总是寻找各种理由虐待他。

但是，当曼德拉出狱当选总统时，他在总统就职典礼上的一个举动震惊了整个世界。总统就职仪式开始了，曼德拉起身致辞欢迎他的来宾。他先介绍了来自世界各国的政要，然后他说，虽然他深感荣幸能接待这么多尊贵的客人，但他最高兴的是当初他被关在罗本岛监狱时看守他的3名前狱方人员也能到场。他邀请他们站起身，以便他能介绍给大家。

曼德拉博大的胸襟和宽宏的精神，让南非那些残酷虐待了他27年的白人汗颜得无地自容，也让所有到场的人肃然起敬。看着年迈的曼德拉缓缓站起身来。恭敬地向3个曾关押他的看守致敬，在场的所有来宾都静了下来。

后来，曼德拉向朋友们解释说，自己年轻时性子很急，脾气暴躁，正是在狱中学会了控制情绪才活了下来。他的牢狱岁月给了他时间与激励，使他学会了如何面对自己遭遇的苦难。他说，感恩与宽容经常是源自痛苦与磨难的，必须以极大的毅力来训练。

他说起获释出狱当天的心情："当我走出囚室，迈过通往自由的监狱大门时，我已经清楚，自己若不能把悲痛与怨恨留在身后，那么我其实仍在狱中。"

一个人要能承受委屈，做人处世要"坚忍"，坚定自己的追求，忍受一切难以忍受的东西。不忍辱，何以负重？确实，生活最重要的原则之一就是要懂得如何忍耐，智慧的一半真谛就在其中，容忍压力与屈辱更需要耐心。伟人之所以坚忍，是因为他气度宽广，能够审时度势，心中有更为远大的抱负。

中国改革开放的总设计师邓小平,在几十年的工作生涯中,曾"三落三起",多次受委屈,但他从未记过谁的私仇旧恨。沉寂了10多个年头第三次复出后,中央决定要做一个关于新中国成立以来若干历史问题的决议,他针对当时有人贬低和否定毛泽东的议论,断然指出:"如果不写或写不好这个部分,整个决议都不如不做。"他还指出:"确立毛泽东同志的历史地位,坚持和发展毛泽东思想。这是最核心的一条。"此言一出,这位伟大革命家的恢宏气度和宽阔胸襟无不让世人敬佩仰慕。

宰相肚里之所以能撑船,是因为他在当宰相之前,忍受了整船的烦恼;将军额头之所以可以跑马,是因为他在当将军之前,忍受了无边的冤屈。当他的胸怀被冤枉一点一点撑大的时候,他的事业也就一步一步迈向成功。

一个人难免会受到非议、批评,这些批评和非议中肯定有不少是错误的,但是却让人难以辩解,让人感到很委屈,想争辩,想告诉每个人事情不是那样子的,想让别人承认自己的付出和功劳。

但是,不要去做太多的争辩,没有用的。有时候不同意上司的意见,但是为了避免冲突,不要去争辩,不要去多想,承受住,挺过去,就好了。争辩是徒劳无益的。因为有些领导根本不听辩解。事实证明,争论是没有用的,无论自己是对是错,还是让时间来证明一切吧。正如马云所说,"如果你是对的,总有机会去证明的,不必急在一时。"所以,与其浪费时间做无谓的争辩,还不如用事实和实力证明自己。

当委屈来临时,要静下心来常思己过,尽量少埋怨他人,从主观上查找原因,要认真进行反思:自己工作上是不是有失误,或者自己良好

的愿望触及了个别人的利益，或者自己在工作中过于张扬、出了风头，引起了领导的不高兴。当弄清了问题的症结之后，要进行理性的判断，如果认为自己所做的一切都问心无愧，有必要给别人解释时就给别人解释，没有必要给别人解释时坚持走自己的路，让别人去说吧，大可不必怨天尤人，跟别人去争吵、去辩解，在无关紧要的问题上，得理也得让人，些许小事不妨装装糊涂，一笑了之。

上级指挥下级，是很正常的事情，但上级的指示有时不一定正确，因为上级领导不可能了解很具体的情况。遇到这种情况，很多时候是没有机会向领导陈述意见的，所以只能把委屈憋在心里。领导的指示不能直接执行，又不能违抗命令，怎么办？这时就要采取"曲线"方式了，把领导的指示与实际情况结合起来：在面上，坚决按领导的指示去办，在具体操作上，肯定要实事求是，具体问题具体分析、具体对待、个别解决，解决问题是最关键的。这样做，就可以求全了，领导那里好交代，问题也能得到圆满解决。

一个人，要有良好的心理素质和承受能力，能正确对待各种误解、冤枉、委屈，相信时间是解决问题的最好办法，相信自己身正不怕影子歪，相信总有一天水落石出、真相大白。这样说，也不是要干等下去，必要的主动的宣传、解释、沟通是十分有效的手段。受不了误解，一遇冤枉就委屈得不得了，怨天尤人，或者暴跳如雷，都不是解决问题的办法。

要善于谦让

谦让，其实是一种心平气和的谦卑与互让，是一种心明眼亮的谦虚与互惠，是一种心安理得的谦敬与互存。谦让是一种美德，不与人争，不居功，不以己为大，不以人为小。实际上这种谦让的背后，也是一种获得。人们让出的是利益、是功劳，但得到是尊重、是自身修养的提高，其实个人并不会失去什么。让出了一片空间，既给了别人，也给了自己，这样大家都轻松快乐。

东汉光武帝时期，有一个名叫甄宇的在朝官吏，时任太学博士。他为人忠厚，遇事谦让。有一次，皇上把一群外藩进贡的活羊赐给了在朝的官吏，要他们每人领一只。羊有大有小、有肥有瘦，在分羊时，负责分羊的大臣犯了难，不知怎么分才能让大家满意。正当他束手无策时，甄宇从人群中走了出来，说："这批羊很好分。"说完，他就牵了一只瘦羊，高高兴兴地回家了。众大臣见了，也都纷纷仿效，不加挑剔地牵了一头羊就走，摆在大臣们面前的一道难题一下子就迎刃而解了。后来，这事传到了光武帝耳中，甄宇因此得了"瘦羊博士"的美誉。既得到了众大臣的尊敬，也得到了皇帝的器重。

谦虚与礼让还意味着对他人的尊重。欧阳修与尚书宋祁修《唐书》时，朝廷让欧阳修定稿，还特别提醒欧阳修要详看宋祁所修的《列传》，能删则删，能改则改。但欧阳修认为宋祁是前辈，见多识广，字里行间一定有他独特的见地，所以一个字也没改。书完成之后，在署名的问题上，

御史建议只署欧阳修一个人的名字,因为"旧例修书,只列局内官高者一人姓名",但欧阳修还是在《列传》上写上了宋祁的姓名。搞得宋祁有点"受宠若惊",说:"自古文人不相让,而好相陵,此事前所未闻也!"

矛盾当前,如果当事人都能表示谦让,任何问题都能圆满解决。

张文端公,即张英,是清朝康熙年间文华殿大学士,当地人称老宰相,其子张廷玉,官至保和殿大学士、军机大臣。据说他的府邸占据当年桐城县城的1/5,而邻人吴氏未见片纸有载,可见是一介百姓。他们两家"宅基地纠纷",是吴氏"越用"在先,是非曲直也是小葱拌豆腐一清二楚的事情,而张文端公豁达大度,批书曰"让他三尺又何妨",结果是平息了事态,密切了官民关系,就有了这条被世人称颂的"六尺巷"。

那些优秀的政治家,其实都是忍让妥协、以大局为重的高手。曾国藩就是其中优秀的代表。

在围剿太平军的时候,因湖南提督鲍起豹练军无方,所以湖南的绿营军都交由曾国藩来训练。曾国藩对兵士的操练十分严格,这让习惯于养尊处优的绿营兵大为不满。鲍起豹更是借机挑衅曾国藩,并公然向士兵说:"大热天还要出操,不是跟大家过不去吗?"

有了鲍起豹的带头与挑拨,绿营兵更加有恃无恐,曾国藩率领的湘军,在街头也经常遭到绿营兵的公然侮辱和拳打脚踢。有一次,绿营兵甚至包围曾国藩的官邸扬言要杀掉他。这时,曾国藩的下属实在看不过去,就建议曾国藩向朝廷参奏鲍起豹,曾国藩却回答:"做臣子的不能为国家平乱,反以琐碎小事使君父烦心,实在惭愧得很。"不久他就把自己的大本营和湘军移往他县,用忍耐的功夫避免了一场随时会引爆的冲突和政治斗争。

谦让是一种修养,是一种处世之道。无论是同事之间还是领导班子之间，都需要相互之间的谦让和理解，才能够团结一致，人心所向，是一个组织走向辉煌、走向胜利的保证。谦让，要求一个人豁达大度，胸怀宽广，能容得下人，能容得下事，能容得下不同意见，能忍耐暂时的困难、暂时的误解、暂时的责难和非议。

为了顾全大局，领导者不仅要对上级忍让，对同级谦让，对下级有时也要忍让；不仅要对部下示以宠信，同时还要向他们显示自己的大度，尽可能原谅下属的过失。俗话说，"大人不计小人过""宰相肚里能撑船"。对那些无关大局之事，不可同下属锱铢必较，当忍则忍，当让则让。对下属宽容大度，是制造向心效应的一种有效手段。

公元199年，曹操与实力最为强大的北方军阀袁绍相持于官渡，袁绍拥兵10万人，兵精粮足，而曹操兵力只及袁绍的十分之一，又缺粮，明显处于劣势，当时很多人都以为曹操这一仗必败无疑了。曹操的部将及留守在后方根据地的许多大臣，都纷纷暗中给袁绍写信，准备一旦曹操失败便归顺袁绍。相持半年多以后，曹操采纳了许攸的奇计，袭击袁绍的粮仓，一举扭转了战局，打败了袁绍。曹操在清理从袁绍军营中收缴来的文书材料时，发现了自己部下的那些信件。他连看也不看，命令立即全部烧掉，并说："战事初起之时，袁绍兵精粮足，我自己都担心能不能自保，何况其他的人！"

这么一来，那些怀有过二心的人便全都放了心，对稳定大局起了很好的作用。这一手的确十分高明，它将已经开始离心的势力又收拢回来。不过，没有一点儿气度的人是不会这么干的。曹操因为用了宽宏大度这一手才扩张了自己的实力，才能打败各路豪强。

所以，对于下属的不逊和过失，原谅他们，宽容他们，会收到意想不到的效果。一个优秀的领导者，不仅要懂得谦让，善于忍让，还要学会主动退让。以退为进，是一种重要的领导艺术。在形势不利的情况下，或者时机不成熟的时候，采取以退为进的策略尤为重要。正如恩格斯所说：为了顾全主要的事情，在次要的问题上做让步。

退，意味着暂时放弃眼前的一些局部利益，是时机不成熟时做出的一定程度的让步和妥协，其实质或是为了顾全大局、化解矛盾，或是为了等待时机、蓄势待发。不顾客观实际、逞一时之能的匹夫之勇，往往会给自己和事业带来灾难性的后果。只有审时度势、善于以退为进者，才能取得最后的胜利。

一个人不仅要能进，也要善退。退是为了更好地进。适度退让，在许多场合都不失为一种争取主动、扭转时局的上策，也是一个人必备的谋略之一。要知退，更要善退，善于正确把握退让的时机和原则。知道进退、善于进退的人，才能运筹帷幄，妥善解决矛盾，使事物朝着有利于实现自己的预期目标的方向发展，才能如愿以偿地品尝到胜利之果。

以退为进是有谋略、有计划的积极进取，并不是消极退让和逃避。在特殊情况下，积极的、理性的退让是一种智慧和艺术。只退不进是懦者，只进不退是莽汉。只有进退得当，才能审时度势，控制事物发展的方向。一个人在工作中应该善于运用妥协的艺术，敢于有节制地退让、把握好进与退的尺度。

谦让，是一个人应有的修养，在工作中要谨言慎行，适当收敛自己的脾气，不能动辄撒野发飙。谦让，也就是"吃小亏长大智慧"，不懂得谦让，情商就会越来越低，亏就会越吃越大。在与同事相处中，要懂得谦让，不争权不争利，多长智慧，提高修养。

在名利跟前,要有谦让之心,做到在荣誉面前谦让,在待遇面前推让,在利益面前退让。这种让,能让出风格、让出精神、让出美德、让出品格、让出温暖、让出感动。

当然,让,必须是主动地让、积极地让。对那些慵懒成性、不干正事的人,对那些狐假虎威、蛮横无理的人,对那些居心叵测、挑拨离间的人,绝不能姑息,不拿原则做交易。如果消极避让,如放弃原则和正义的让、放弃底线纵容的让、放弃监督不作为的让,那最终会让对方得寸进尺、肆无忌惮,受伤更多的还是自己。

始终保持专注

我们都知道，一个专注的人在工作的时候，旁人是很难打扰到他的。有时候，我们之所以无法接受有人在旁边看着我们工作，原因不在别人，而是因为我们自己做不到专注。

很久以前，有两个乡下老人来到繁华的城市，他们穿着过时的衣服。很多人注视着这两个老人，甚至有人拿他们取笑。然而，这两个老人并没有感到不好意思。因为他们的目光完全被城市的繁华吸引住了，压根就没有被周围人诧异的眼神所影响。

他们就那样安静地站着，看着车水马龙，城市之光，陶醉于其中。

相信很多人都有过这样的经历。当我们戴一顶新帽子或穿一件新衣服出门的时候，总感觉自己吸引了所有人的目光。其实这完全是自己的臆想，我们过多地在乎别人的目光，从而使自己的注意力无法集中。所以不如学学故事中的那两位乡下老人，不管做什么事情，都从始至终地保持专注，不被他人的眼光影响。

要知道，当我们投入一项工作时，如果总因为别人的观看而感觉不安，那就说明我们的内心是极为不自信的。因为我们对自己的工作没有自信，所以才害怕自己会把工作做砸。其实，越是这样想我们就越是紧张，越是静不下心来专注于自己的工作。总之，过多地在乎别人的目光，总让别人的态度影响着自己对一件事情的把握和判断，说到底，这都是我们自己的问题。

有一次，一群女孩想和一个朋友开个玩笑。她们知道她的一个最大的毛病就是对别人的目光是比较在意的。当她在一个会场里练琴的时候，她们就故意坐在她的对面，不停地从正面注视着她。她们并不扮怪相，也不嬉笑，更不说话，只是专心地注视她而已。这个女孩子因为自我感觉敏锐，一会儿便感受到她们注视着自己的目光，于是便开始脸红、心神不安，最后只好中途停止弹琴，退出了会场。

可以看出，这群女孩深知相比音乐，她更注重自己，这便是她们晓得用注视的方法可以扰乱她的缘故。

其实，当一个人在专心做自己的事情时，是不会分出精力和目光去在乎别人的眼光的，甚至完全感觉不到环境的变化。换句话说，专注做一件事情的时候，人是陶醉在其中的。

一沙一世界，一花一天堂。专注于手上的一件小事情，专心做好做精，做到完美，再小的一件事也会变得有意义。

爱迪生能取得那么多的成就，就是因为他专注于发明。他专注于身边的小事情，完全陶醉在其中。只有完全深入进去，才能发现新奇的事物，才能发明出有用的东西。

众所周知，每个人的精力都是有限的，一个人的精力如果投入得过于分散，那最后很有可能一事无成。所以我们在工作中，必须努力克服一切影响注意力集中的障碍。具体来讲，我们要在认识自己才能的前提下，选准目标，集中精力重点突破，就像通过凸透镜把众多光束集中到一个焦点，从而引起纸张燃烧一样。永远记住，人的智慧和力量要在"聚焦效应"的作用下，才能形成成才所需的能量。

清代诗人曾世霖说过："学问尚精专，研摩贵纯一。"此话确实在理，回顾历史长河，没有一个人可以在所有的领域都取得辉煌的成就。那

些取得巨大成功的人，都是只专注于一个领域甚至是一件小事。当然，有些人可能在多个方面表现出一定的才能，但这并不等于他们在这些方面都能达到尖端水平。如果目标过于分散，不仅会使我们失去原有的优势，还会将自己的劣势更多地暴露出来，最终因捉襟见肘穷于应付而一事无成。

很久以前，法国有个青年，他知识广博，爱好广泛，对各行各业都很了解。但是，他从来不把时间花在某一个领域。所以，虽然他知识渊博，但是他对任何一个领域都不够精通，所以还是无所作为。

为此，他变得闷闷不乐，找不出原因。直到有一天，他带着自己的疑惑去请教著名生物学家法布尔先生。法布尔听了他的陈述，笑了笑，建议道："把你的精力集中到一个焦点上去试试，就像这块透镜一样。"为了给这位青年生动地说明这个道理，法布尔拿出一个放大镜、一张纸，放在阳光下面，纸上出现了一个耀眼的光斑，不一会儿纸就燃烧起来了。

毫无疑问，一个专注工作的人能够抛却一切无关的杂念，专心去做一件事情。人的生命是有限的，人的精力也是有限的。一辈子很短，能做成一件大事就很不容易了。兴趣广泛是好事，但是我们不能什么事都想做，因为这样最终只能是什么事都做不成。所以，无论我们做什么样的工作，我们都要足够专注，抛却一切杂念，静下心来，心无旁骛，努力克服一切影响注意力集中的障碍，全心全意地去将手头上的工作做好。

正所谓，专力则必精，分途恐两失。一辈子很短，如果我们能咬定一个目标不放松，一生只做一件事，把一件事做细做透做完美，那就是成功。反之，当我们注意力太过分散的时候，未来等待我们的就很有可能是一事无成。

把虚荣心转为上进心

扭曲的自尊心就是虚荣心，这也是过分自尊的表现。有些人无论何时何地，总要表现出自己高人一等，其实，这就是太爱面子的虚荣表现。凡是虚荣心强的人总是活在自欺欺人的幻境中，可结果，只能自己欺骗自己，给自己带来许多痛苦。

在国外某机场，一位贵妇在乘坐飞机时，看到身边居然是位黑人，马上把空乘找来，大声地抱怨：

"我花钱是为了享受，你们却把我安排在这里！我可受不了坐在这种地方，马上给我换个位子！"周围的人对她这种做派很反感，但是也没人说什么。

"很抱歉，女士。"乘务员回答，"今天的班机已客满，但是为了满足您的需求，我可以去为您查查看还有没有空位。"

贵妇听后感到很有面子。

几分钟后，服务员带着好消息回来。

"这位女士，很抱歉，经济舱已经客满了，我也向机长报告了您这个特殊的情况，目前只剩头等舱还有一个空位……"

贵妇得意地看着四周的乘客，起身准备移往头等舱。

可此时，服务员微笑地对着那位黑人乘客说："虽然这种情况是我们从未遇见的，但机长认为要一名乘客和一个厌恶他的人同坐，真是太不合情理了。先生，如果您不介意的话，我们已经为您准备好了头等舱的位置，

请您移步过去。"

此时，周围的乘客起立热烈地鼓掌，贵妇羞愧地低下了头。

低调做人，敛起锋芒。人生不能总是风光，如果在风光时，故意显摆招人厌，死要面子，常常会丢了面子。因此，抛弃爱面子的沉重压力，保持一颗平常心，才能顺其自然，淡泊生活。

生命的真谛在于和平、自由，拥有一颗轻松自在的心，认真地做自己，这也不失为一种美好的生活。那样，即使你的人生没有荣耀和光环，你也可以发现平常日子中那些令人感动和欣喜的东西。你会读懂一枝一叶、一花一草所散发出的清香和温馨，你会品味出琐碎日子中的甜蜜、幸福。做一回真实的自我，那样，你会感到无比的轻松。

山区里，一匹马战胜了一只偷鸡的豺狼，因此，主人在它脖子上挂了一朵大红花，在马场上绕行一圈，让所有的马都向它行礼致敬。

这时，一匹小马对它说："你真了不起，你获得了如此大的荣誉，这在我们马族的家族史上是绝无仅有的，真令人羡慕啊！"

谁知这匹战马淡淡地说："这有什么好羡慕的，我不过是尽了我的本分而已。"

这匹战马于三个月后在战场上受了重伤，因为无法医治，兽医决定把它送进屠宰场。在进屠宰场时，它又与之前的那匹小马不期而遇："老兄，想想三个月前，你是何等的威风，现在的处境居然这样悲惨，连我们都不如。一个英雄落到这种地步，你的面子都丢尽了吧？"

谁知，受伤的马平静地说："这没有什么好悲伤的，我只不过是比你们早走一步这条大家都要走的路而已。"

人的一生如簇簇繁花，不能事事如意，既有盛开耀眼之时，也有暗淡萧条之日。不管是荣还是辱，我们都应该以平常心待之。不能因为曾经的荣耀就趾高气扬，也不能因为失意就感觉无脸见人。如果过分地在乎荣辱，烦恼就会滋生。因此，人们只有把面子抛在脑后，才不会被荣或辱左右，才会为自己赢得一个广阔的心灵空间。

凡是取得伟大成就的人们，他们都懂得低调行事，不会因为满足自己的虚荣心、为了自己的面子而投资太大。相反，他们非常注意克制自己，时时保持一颗平常心。

赵匡胤当皇帝后，他最宠爱的昭庆公主认为这下可要好好地"秀"一把了。

有一次，昭庆公主在宫中观看行宫仪仗时，发现用翠鸟羽毛做装饰的旗子非常好看，回宫后就别出心裁地命人用翠羽装饰做了件外衣，穿上后对着镜子左照右照，心中尤为得意，在宫内走来走去。当然，人们免不了恭维一番，公主的虚荣心得到了极大满足。

就在她感到十分快活时，不料被赵匡胤和一群大臣们撞上了。公主想躲开，却被赵匡胤喝住说："你把这件衣服脱下来，以后不准再穿。"

公主不以为然地说："这件外衣只是用翠羽稍微装饰了一下，没什么大不了的啊！"

面对公主的狡辩，赵匡胤感到十分生气，厉声斥责道："你怎么能这样说，翠羽价格高，要浪费多少钱财呀？你的生活已经非常优越了。"然后还撩起龙袍说："你看看，这袍子我都已经穿了三年了，到现在不还是穿得好好的吗？"说得公主无言以对，只得勉强将翠羽外衣脱掉。

有一天，赵匡胤与昭庆公主在一起聊天。公主乘机对赵匡胤说："父皇，你身为大宋天子，可惜坐的轿子太没面子了，应该好好装饰一下，

以显示我大宋国富民强啊！"赵匡胤深有感触地说："但我身为天子，理当为天下管理好财富，岂可滥用？如果我只想一人荣华富贵，百姓还对我抱什么希望呢？再说，我和历代圣明的君主相比，还差得远啊！他们都能安于平淡朴素的生活，我有必要用金银装饰自己的门面吗？国富民强才是最大的面子啊！"

赵匡胤说得昭庆公主哑口无言，自觉惭愧。从此之后，昭庆公主也带头收敛起来，和其他宫女一样，平淡做人，素面朝天。而且，在赵匡胤的影响之下，宫里宫外，朝廷上下，都以穿戴质朴为荣。

在物质生活优越的今天，人们可以适当享受，但不能为了满足一己虚荣而铺张浪费。如果你有着强烈的虚荣心，正确的办法是把虚荣心转为上进心。特别是那些华而不实、盲目攀比、赶时髦、讲排场、只求面子上的好看、虚荣心太重的人，不妨在这方面学习一下赵匡胤，改变自己好大喜功的毛病。

人生短暂，万事应想得开，随时随地保持心理平衡，不论何时何地，都能以平常心处世，处变不惊，笑口常开，做到"得而不喜，失而不悲"，才能把握自我、超越自我。

第六章 养成果敢的胆略

具有不寻常的胆识，才可建立不寻常的事业。一个人不论做什么事情，没有胆识是不行的，要敢作敢为。决策要果敢，遇事不慌张，敢担风险和责任，敢于坚持真理，不怕得罪人，表现出应有的勇气与胆识。

培养自己非凡的胆识

胆识，就是胆量和见识。胆识是谋略、见识与勇气结合而升华的产物，是大智大勇的结晶。它不同于普通的胆量，它是一种非凡的胆略。

胆和识是辩证的统一，识是胆的基础，没有识就不可能有胆量和勇气。胆是识的核心，没有胆量纵有再多的识，也难以成就事业。胆与识互为因果。识得精透，胆量才会增大，"艺高人胆大"。同样，有了胆的支撑，人们才可能以更大的勇气去探索更多的未知领域，促进识的扩展和深化。总之，靠识才能壮胆，靠胆才能增识。

一个人想成就一番事业，必须有胆有识、智勇双全，仅有识而无胆之人，前怕狼后怕虎，瞻前顾后，畏首畏尾，想法很多，就是不肯付诸行动，一辈子流于空想。胆是识的开路先锋，离开胆识便无用武之地。仅有胆而无识之人，说打就动手，没有这样那样的顾虑，运气好的时候能闯出一点小名堂，但很难做大，做大了也会因为缺乏驾驭能力而被弄得晕头转向。识是胆的助推器，离开识胆便孤掌难鸣。人的胆识之于事业的关系，如鸟之双翼，缺哪一个，鸟都飞不起来。

胆体现为决策与干事的勇气和决心，识体现为分析问题、解决问题、判断和决策的能力。胆识不可偏废，有胆无识，则易妄为、乱拍板；有识无胆，则难成事、要误事。在事业发展中，人们常常要面对机遇的易逝，挑战的严峻，问题的复杂，矛盾的重重。如果胆量不够，勇气不足，必然缩手缩脚，瞻前顾后；见识不深，思考不透，必然滋生犹豫，拿捏不准，其结果是错失良机。

成功的人大多都有昂然的气概，他们都是大胆的、勇敢的，在他们的字典上，没有"惧怕"两个字，他们相信自己的能力能干一切事业，自认自己是很有价值的人。

无所畏惧，勇敢地面对危险，是一个人的基本素质。美国总统林肯曾经说过："勇气不等于没有恐惧。它是面对恐惧勇往直前。"

"不让恐惧左右自己"，是美国著名将领巴顿用以激励自己的格言。第二次世界大战期间，巴顿将军在北非、地中海和欧洲战场上屡建奇功，威震敌胆，被誉为"血胆将军"。

一个将领，要统率千军万马驰骋疆场，必须具有勇冠三军的胆量。巴顿青少年时期雄心勃勃，心存大志，并努力锻炼自己的胆量，克服恐惧心理，发誓要把自己培养成一个勇猛无畏的人。

在西点军校学习期间，他有意锻炼自己的勇气。在骑术练习和比赛中，他总是挑最难越过的障碍和最高的跨栏。在西点最后一年里，有几次狙击训练，他突然站起来把头伸进火线区内，要试试自己的胆量，为此还受到父亲的责备，而巴顿却满不在乎地说："我只是想看看我会多么害怕，我想锻炼自己，使自己不胆怯。"巴顿的锻炼，使他的性格变得异常刚毅果断，这种性格自始至终贯穿其整个军旅生涯。

人都有面对紧急和危险的时刻。对于成功的人来说，他们大多都有背水一战的胆识和气魄。其实人生的成功，有时候就像是一场赌博，因为前路未知，靠的往往是人的胆识和魄力。

但在现实生活中，仍有相当多的人缺乏敢作敢为的胆识和气魄，患了束缚手脚的"胆小"症，致使错失良机，误了大事。所以，对于一个成

功的人来说，胆识是不可少的充分条件。同时，必须对风险有清醒的认识，并制定回避风险的策略。

关于靠胆识成功的例子也是不胜枚举。华为公司在很多年前，就积极进入欧美等主流市场，和思科等500强公司进行正面较量，把大旗插到了纽约、插到了巴黎。这一行为尽管在当时被很多人评价为"一场赌博"，但是现在看来，如果当时华为总裁任正非没有敢于进军欧美主流市场的胆量，没有敢于挑战思科的勇气，那华为就不会率先取得国际化的成功，也不能突破成长的瓶颈。海尔的张瑞敏也是一个很好的例子。张瑞敏当初力排众议，进入了当时世界上最难进入的市场——美国市场，且别出心裁，用胆略和智慧试吃"第一只螃蟹"。尽管当时舆论批评其为"艰难的旅程"，但海尔依然义无反顾地实施着既定的战略，并且创造了经营史上的奇迹。

胆量是成功者所必备的成功素质之一，一个领导要敢于拍板。因为，即使征求无数人的意见，最后的决定还是要一个人做出，不可能逃避，甚至在没有把握的情况下也要敢冒风险。做决定不是种庄稼，"种瓜得瓜，种豆得豆"；也不是做数学题，一加一等于二。它是一个充满变数的领域，是一个遍布不确定因素的过程，目标常常表现出很大的弹性，结果也往往具有很大的未知性。因此，领导之路充满了挑战和风险，没有百分之百的"保险"。

所谓"零风险"只是一种良好的愿望，追求工作方案的尽善尽美和百分之百的成功把握是不现实的，结果只能是贻误时机、止步不前。因为只有"不走路才可能不摔跤"，任何机遇都不会无限期地等待"再研究研究""再等等看看"。如果把在不可能掌握全部信息、不可能求得万般周详的情况下做出的决策称作"冒险"，那么这种敢冒敢闯的勇气、敢为人先的气魄、当机立断的果敢，不仅是必要的，而且是值得推崇的。

胆量不是匹夫之勇，不是蛮干。有胆还得有识。光有胆量的人容易像傻子一样，鲁莽行事，做无谓的牺牲。

有胆而无识，则胆虽大，却易妄为、乱为。工作中常常会有少分析、乏思考、乱拍板，不顾实际蛮干一气的情况。拍脑袋决策、拍胸脯保证、拍屁股走人的"三拍"领导，就是有胆没识的写照。一个需要靠智慧，强手如林，高度开放的时代，胆有余而识不足之人的发展道路势必会越走越窄，难以为继。

既然在绝大多数情况下，胆与识都不可得兼，则胆有余而识不足之人，要想把自己开创的事业进一步发扬光大，就得借助外脑来补己之短，如广纳贤才，加强学习等。

"冒险"不等于盲动，没有"零风险"不等于没有"低风险"，没有"绝对保险"也不等于没有"相对保险"。一个人要有敢冒风险的精神，也要有预见、防范和规避风险的意识，把敢于冒险的勇气和科学审慎的态度结合起来，把大胆的行动建立在周密调查、敏锐洞察、深入研究和辩证思维的基础之上。

总之，胆与识是密不可分的，有胆才有识，无识有胆那是莽汉，而无胆有识只能成为书生，缺少哪一方面，都不能成为成功的人。

养成做事果断的品质

做事果断，是领导必备的禀赋特质。无论是说话、办事、决策都干脆、利落，绝不犹豫不决，不拖泥带水，不朝令夕改。这是一个人才能、魄力最直观的表现，对维持自身的形象十分重要。

遇事犹豫不决的人，像海上飘忽不定的一叶孤舟，没有目标地漂荡，永远达不到胜利的彼岸。有的人事到临头犹豫不决，没有主见，搔首踟蹰，徘徊不前。正如《左传》中所讲："弈者举棋不定，不胜其耦。"下棋的人，如果举着棋子主意不定，就不能战胜对方。其他事情也是一样，犹豫不决，就不会取得成功。因此，人们把优柔寡断视为败事之途，而把果断坚决视为成功之道。

古人说："用兵之害，犹豫最大；三军之灾，起于狐疑。"应当做出决断的时候不决断，一定会为此而遭受祸害。遇事狐疑不决，会搅乱自己的心境，破坏自己的情绪，影响自己的信心，消耗自己的精力，影响自己在他人心目中的信誉，而更严重的是易错过良机，贻误大事。所以，思考问题、处理问题时，不能畏首畏尾，而要果断坚决。

果断是一种良好的意志品质，它要求一个人无论是确定目标，还是选择方案，都必须坚决果断、迅速及时。现代社会是信息社会，是竞争的社会，它复杂多变、变幻不定、动荡激烈，任何犹豫不决都可能错过时机。优秀的人一旦发现条件成熟，就会当机立断，果断决策，并立即付诸实施。

果断是把经过深思熟虑后的选择迅速明确地表达出来，是一个人思想高度集中、反应敏锐的体现，他对信息的吸收和消化、对经验的综合和应用、对未来的估计和推测，都能在短时间内完成。要达到这一点，作为决策者就必须对事件有迅速做出判断和选择的能力，有敢于对事件的过程和后果负责的精神和能力。"当断不断，反受其乱。"顾虑重重，怕这怕那，畏畏缩缩，往往会贻误时机，后悔莫及。

三国时期的袁绍集团，其实力在群雄中首屈一指，被公认为最有希望问鼎天下。袁绍麾下，谋士如云，猛将如林。但是由于袁绍的优柔寡断，一次次失去了战机。在官渡之战的相持阶段，谋士许攸曾向袁绍献计："曹操屯军官渡，与我相持已久，许昌必空虚，若令一军星夜袭击许昌，则许昌可得，而曹操可擒也。今探粮草已尽，正可乘机会，两路击之。"但袁绍却顾虑曹操诡计多端，拒绝了许攸的建议，最终败于曹操之手，不得不退出逐鹿天下的行列。如果袁绍能够当机立断，抓住有利战机，当时采纳许攸的建议，那么其结果很可能如曹操所说："若袁绍用子远言，吾事败矣。"

可见，当断不断，看起来似乎稳妥，实际上却潜伏着更大的危险。对于一名领导来说，优柔寡断是致命的弱点。

果断决策贵在不失其时。犹豫是时间的窃贼，疑虑是决断的大敌。当机会来临时，如果一再犹豫，错失良机，必然会损害在下属中的印象。没有人会尊敬或跟随一位胆小怕事的领导。在关键时刻，做一个英明的决断，对日后的感召力、影响力，其效果会强于平日长时期的外在表现；倘若平时派头十足，一到关键时刻却疲软起来，那么这个反差只会给周围的人留下笑柄。因此，坚决果断，勇于当先，更能赢得下属的赞赏与信赖。

果断需有洞察力和深谋远虑。一个人必须要有洞察先机的能力，工作要有预见性，不能就事论事。正是因为预见了事物的可能发展趋势，所以当机会已经来临而一般人浑然不觉时，他能果断出击，做出相应的行动。比如，在改革开放初期，邓小平在充分研究当时国际形势的基础上，推断世界大战20年内打不起来，和平与发展将成为世界的主流，从而果断做出了裁军百万、集中精力发展经济的重大战略决策，启动了中国的改革开放事业，为中国持续至今的和平建设开辟了道路。尽管当初有很多人对这一重大决策想不通，但事实充分证明邓小平这一决策的正确性，而他的这一决策是在看准和平与发展成为世界人民共同愿望这一科学思考的前提下做出的。

果断需有独到的见识。人们所面临的问题往往都是多元的，单纯的问题或是例行公事，只要有相当的常识与经验，就可驾轻就熟、妥善地加以处理；至于错综复杂、牵涉较广的问题，除了要具备专业知识素养外，更要有整体性的策略性思考，既不能被眼前的压力所慑服，又不能被利害关系所迷惑，而要秉持公平、客观的态度，做应有的理性分析。因此，有自己独到的见识相当重要。

果断需要力排众议。一个人做决策之前需要听取各方的意见，但对于自己职权范围内的事情，必须敢于负责，敢于决断。对一件事情的看法总会有不同，公说公有理，婆说婆有理，如果一个人被各方的意见弄得莫衷一是、迷失自己，错过最佳时机，那就是失职。做事情应该当机立断，说干就干。无休止的讨论，滔滔不绝的空谈，对于事业只有百害而无一利。

人的见识越高远，就越会有曲高和寡的现象，尤其是一般人常满足于现状，陶醉于既有成就的美梦中，任何激进的做法都会被视为"异端"，遭到反对。这时若要力排众议，断然扫除人为的障碍，就必须具有胆识和实践能力。

日本三洋电机的创办人井植岁男生前常说的一段话，值得人们思考，这段话就道出了决断者应有的见识眼光。他说："以自己经营事业的立场去观察东西，或者去思考事物的话，则事业是不会有所突破的，应该站在更高一层来观察事物。"

当年井植岁男毅然决定离开松下，另起炉灶。投入市场已经饱和的车灯业，并口出惊人之语，要在几年内建造一家年产200万个车灯的工厂。事实上，当时日本的16家工厂所生产的10万个车灯都销售不了，但井植岁男却看到了这背后蕴藏的商机：当时大多数的日本人都以自行车代步，如果没有车灯，夜晚行车将很不方便，所以他判断车灯将成为必需品。再者，车灯市场小是因为产量太小，缺乏规模效应，以致价格太高，消费者驻足不前，市场因而打不开。后来，事实证明井植岁男是对的：在他建厂4年之后，销售200万个车灯的目标顺利实现了。

一个优秀的人，就是要敢于打破常规，突破框框，果断决策。不是人云亦云，而是用创新的眼光审视现实，分析问题，敢想他人所不敢想，敢断他人所不敢断，敢为他人所不敢为。

果断不是武断，而是以客观事实为依据的及时行动。在变化多端的信息时代，一个人能否取得成功，往往取决于他捕捉信息和运用信息的能力。在做决策之前，要做很多"功课"。首先要广泛掌握信息，只有掌握了大量的信息，决策才更有把握。信息是不是及时、全面、准确，直接关系到决策、行动是否正确。有的人倒是胆子很大，遇事不调查不商量，头脑一热，就拍板决断。情况不明决心大，心中无数主意多，结果十有八九"断"得不当。这是主观武断的表现，问题在于，喜欢主观武断的人又常常以"果断""有魄力"自诩，容易欺骗人，这是要加以鉴别的。

　　果断重在断则必行。决断不易，断后而行更难。断而不行，其害无穷。正如司马迁在《史记·淮阴侯列传》中所说："决弗敢行者，百事之祸也。"做出决定而不付诸实施，那将会招致各种祸患。因此，凡一经决断的事，就要坚定、勇敢、有信心地把它办好。果断决策都要付出机会成本，这本来是无可厚非的。但是，不可能不计后果，也不可能一拍屁股走人，所以在果断决策的同时，也必须考虑到各种可能性，提前做好预案，以最小的代价赢得最大的成功。

具备敢为人先的精神

敢为人先，体现了勇立时代潮头，善开风气之先，敢于争创一流的胆识和魄力。一个人若没有敢为人先的勇气，就是没有血性，没有气魄，就难以成就事业。

鲁迅先生说过："第一个吃螃蟹的人是很可佩服的。"在人类历史上，正是有了不少敢为天下先的精英，他们大胆地创新发明，影响或改变一个地区的生活方式、一个企业的成就，甚至改变整个世界。

东汉时代的蔡伦发明的造纸术，打破了贵族阶层对知识的垄断，使普通劳动人民也有了接受教育的可能，对中华文明，甚至整个世界都起到了不可估量的推动作用；牛顿、瓦特等科学家们的卓越发明为工业革命奠定了基础；凯恩斯创立的经济理论改变了美国社会，影响了整个世界；比尔·盖茨、史蒂夫·乔布斯等人的创新能力使他们成为美国富豪，并将人类带入了知识经济时代。

敢为人先，就是要敢于解放思想，冲破禁锢，敢于做常人所不敢为之事；就是要敢于领风气之先，敢于立潮流之前；就是要善于探索、敢于突破；就是要抢先一步，抢占先机。

如果没有那些敢为人先的人去开拓创新，人们现在的好日子就会像房梁上挂烙饼——望得见而吃不着。敢为人先，是一种积极而又进取向上的精神，是一种创新的精神，对于每一个成功者都是必不可少的；而不敢为人先，则是保守、被动的，是一种没出息的表现，这样一些思想保守的人，

很难取得成功。

因此，要想在激烈的竞争中成为一名优胜者，就必须具备敢为人先的精神。只有具备了这种精神，自身才有可能进步或前进，社会才有可能发展，否则，就只能够做一个平庸者，跟在别人的身后，永远也做不出什么名堂。

只有敢为人先，才能够闯出一条成功的道路。

白天鹅宾馆在经营上敢为人先，为同行们做出了成功的表率。在1983年的中国，当时人们都是现金交易，而信用卡不但很少人使用，而且大多数用户也不知道信用卡是什么？当时，白天鹅的管理层多数倾向不使用信用卡交易，而且中国银行和中国建设银行没有这个业务。但如果白天鹅要进行国际业务，必须要遵循国际标准。霍英东先生力排众议，决定率先使用信用卡业务，先跟南洋商业银行合作，再跟中国银行结账。结果使用信用卡结算后，高端的客人便都进来了。

想要发展自我、超越自我，就必须有胆有识。如何去超越？超越就是**吃螃蟹**，就是创新。同时创新就意味着冒险，所谓富贵险中求。想别人所通常想不到的，做别人所不敢做的，敢为天下先，根本就在于思维的转换。

敢为别人不敢为更容易成功。敢为人先，就要勇于突破陈规，敢于突破思维定式，勇于出奇制胜，才能够得到巨大的利益，不断地走向成功。

足球鞋早在1895年就制造出来了，当时每双重585克。20世纪50年代，阿迪达斯公司对此做了专门研究，发现鞋重与运动员体力消耗关系成正比，这样就限制了足球业的突破和发展。而鞋重减不下来的主要原因是始终保留了金属鞋头。于是他们大胆摒弃了金属鞋头，设计出重量仅为原来一半的足球鞋。新产品一投放市场，就深受青睐，供不应求。阿迪达斯成功的原因,就是因为它突破了人们头脑中无形的思维框架,打破了习惯性思维的束缚,也就领先一步,创造性地解决了问题,迅速占领了市场。

思维一旦进入死角,其智力就在常人之下。所以,如果要敢为人先,走在别人前面,就要有创新思维,主动打破思维定式,而一旦思维定式被打破了,就可以得到一些创新性的东西,也必然可以得到巨大的经济效益和精神力量。

美国联邦快递公司创始人弗雷德·史密斯的创业经历就充分地说明了这一点。20世纪70年代初,还是耶鲁大学学生的史密斯向导师提交了一篇论文。他指出,对一个能够直接运输"非常重要、时间紧迫"的货物的货运公司来说,可能存在一个潜力巨大的市场。史密斯认识到,人们愿意为安全可靠的"次日送达"服务付出高价,产生了提供此种服务的创业梦想。

在当时这个梦想很难付诸实施,史密斯必须筹借到9100万美元的风险创业基金,且面临的更大障碍是政府的调控政策。史密斯没有退却,不顾学者和商人对他创意的耻笑,着手公司的筹备。货运队、营运中心、散布25个都市的营运点,以及几百个经过训练的员工等,凭着坚忍不拔、近于狂热的精神,他得到了投资集团的青睐,并在律师的帮助下,说服政府于1972年取消了政策限制。

现在人们随处都可以看到带有"FedEx"标志的运输工具快捷而安全地运送着各种货物:夏威夷鲜花、新鲜血浆……史密斯常常自豪地说:"我们就是电脑时代的'赫尔默斯'。"正如人们所看到的,史密斯用30年的时间,把"联邦快递"经营成国际超霸型运输集团。

敢为别人不敢为,才能开辟出新的道路,才能走出一片辉煌。敢做别人所不敢做的,才能大富大贵,才能成为真正的商人。这些成功的企业大佬,之所以有今天的业绩,就在于他们当初敢于冒险,敢于行动。

敢为人先,勇于开拓创新,是成功的不二选择。在人类智慧越来越相差无几的年代,谁走在前面,谁就是强者,谁就会赢得先机。

要做到敢为人先,就必须要有过人与非凡的胆识。敢为人先,不能与急于求成相提并论。它的前提是能够把握住正确的方向,严格地核准事实,掌握最合适的时机。

善于发现并及时把握机遇

机遇就是对人有利的时机、境遇和机会，是事业发展的特定有利环境。机遇，对一个人的事业发展与人生道路有着重要的影响。如果有人善于抓住它、运用它，推进自己的事业，常常会起到事半功倍的作用。

一个人要想成功，需要机遇。而机遇具有偶然性、客观性和意外性。客观性是指机遇的存在不以人的好恶而改变；意外性是指机遇通常出现在人们有意识、有目的、预知的活动之外。机遇的时间性特别强，长则数载，短则稍纵即逝。能不能抓住机遇、加快发展，历来是一个人能否赢得主动、赢得优势的关键所在，是一个人成功与否的重要条件。因此，要抓住机遇，就必须有一个精明的头脑，有一双敏锐的眼睛，善于详细地研究，善于细心地观察和捕捉机会，善于在实践中抓住机遇。

每个人都要积极对待机遇，善于发现机遇、珍惜机遇；有了好机遇，就要及时抓住它，运用它。现实往往这样：最有希望的成功者，并不是才干出众的，而是那些最善于利用每个时机去发掘开拓的人。

机遇是客观的，但抢抓机遇离不开人们的主观努力；机遇对人们是均等的，但只有善于抢抓者才能获得。机遇只偏爱那些有准备的头脑。如果没有远大志向、进取精神和积极态度，就会对机遇无动于衷，对再好的机遇也会视而不见、白白错过；就不会珍惜机遇，再多的机遇也只能抓一漏万、利用不好。在相同条件下，为什么有些人能够抓住机遇、加快发展，而有的人却错失机遇、停滞不前？重要原因之一，就在于对待机遇的不同态度。

古人云:"有目前之机,转盼即非机者;有乘之则为机,失之即无机者。"由于机遇具有强烈的时效性,稍纵即逝,所谓"机不可失,时不再来",又由于机遇具有公平性,机遇面前人人平等,谁抓住机遇谁就能走在别人前面,谁错过机遇谁就落后。因此,在机遇还没有来临时,就应事事用心,事事尽力。当机遇来临时,一定要采取果断行动,及时做出决策,直到取得突破性的成就。

在竞争激烈的现代社会里,成败的转换往往是在瞬息之间,成功的人有个共同的特点,就是善于及时掌握通向成功大门的钥匙。他们在领导和管理活动中,发现何处通向成功的大门被关闭,立即找出适合开门的钥匙,从而顺利通过,成功的钥匙就是善于发现机遇并及时把握机遇,这是所有成功的人都具备的本领。

1. 善于发现机遇

机遇更多的是通过寻找发现的。有些人在等待机遇的出现,这等同于守株待兔,这种机遇随机性很大,没有预见性,很可能转瞬即逝,不容易把握。

要善于判断时机。时机判断正确与否,往往直接关系到事业的成败。正确选择时机需要有警觉、想象和预见。美国第28任总统威尔逊曾说:"认为只有在时机到来时,才能做出正确选择的人,在领导同代人的事业中是不会取得成就的。"机遇是可以通过自身努力来争取的,这种通过自身寻找、发现的机遇是有准备、有目的的,从心理上、时间上对人们都非常有利,不容易被错过。

2. 善于捕捉机遇

当机遇出现在面前，就要善于捕捉，从而获得机遇。当机遇来了的时候，就不需要再等了。谨小慎微的人什么也得不到，因为自己的片刻犹豫，机遇就会落到别人的头上。在捕捉机遇的过程中，必须拥有果敢的品质，否则将是"扶不起的阿斗"。"君子见机而作"，一个人必须具备行为果敢、当机立断的气魄。果断的性格，可以使一个人在形势突然变化的情况下，很快分析形势，不失时机地做出正确决策，迅速适应变化了的情况。而优柔寡断者一遇到形势发生变化就惊慌失措，无所适从。他们不能及时根据变化了的情况重新做出决策，而是等待观望，以致错失良机。

在机遇面前，切不可优柔寡断，做出决策的时机极为重要。即使决定正确，但机会错过了，这种决定不仅不起什么作用，反而会给事业带来不利。一个人如果发觉自己有优柔寡断的毛病，就该有意识地去改正它。

3. 善于利用机遇

在获得机遇的时候不能自傲和马虎，马虎大意的人失去的太多，自傲和马虎会引来外界的议论或不良反应，会给自己的机遇蒙上一层阴影，甚至失去实现理想的机会，更何况同一种机遇面对的可能是多个竞争对手。掌握、利用机遇，就要合理分析政策信息和有利因素，紧紧抓住有利因素，乘势而为，乘势而上。

聪明的人才会利用机遇。"毛遂自荐"的故事，是抓住机遇取得成功的案例。毛遂在平原君赵胜那里当门客，住了3年，平原君连他的名字都不知道。公元前260年，秦国攻赵，赵国的国都被围，形势危急。平原

君决定亲自去楚国求救，要从3000名门客中挑选20个文武全才的人随行。选来选去，合格的只有19人。这时毛遂立即自我推荐，与平原君同往楚国。到楚国后，毛遂机智勇敢，说服楚王出兵救赵。平原君回来后尊毛遂为上宾。

毛遂及时抓住机遇，施展自己的才干，完成了救赵的使命，也改变了自己长期被埋没、不受重用的命运。

4. 善于创造机遇

从不少成功者的经历看，他们都是创造机遇并充分利用机遇的智者。一开始，他们一面勤奋、精心地积累，一面寻觅机遇。当他们有一定程度的知识储备、能力功底和人脉资源时，机遇会不期而至。当他们利用实力和机遇取得成绩后，又会遇到价值更高、更利于自身发展的新机遇。

一味地等机遇、找机遇也不是上策，"与其临渊羡鱼，不如退而结网"。因为，机遇永远钟情于有准备、有能力的人。居里夫人说得好："弱者等待时机，强者创造时机。"只有充分准备，扎实工作，长期积累，打牢基础，才能认准、抓牢、用好机遇，把潜在的、千载难逢的、稍纵即逝的机遇通过自己的艰苦努力迅速转化为物质财富和自身独特的优势。

把握机遇还得讲究策略，把握最佳时机。成熟的机遇正如一个成熟的水果，只有当果子结实丰满时，才是最美最可口的时刻。抓住机遇就是要抓住天时、地利、人和，具备了外部客观条件，还要有自己的条件积累。一个人应不断提高自身的综合素质，克服急躁情绪、自负心理，正确对待自己；注意掌握时机，把握"火候"，早抓了不行，迟抓了也不行，需要恰到好处。唯此，才能用好机遇，取得成功。

增强综合的竞争能力

适者生存，优胜劣汰，是生物界的普遍规律，也是人类社会的普遍规律。人类社会包含合作和竞争的两重性。由于资源的稀缺性和占有的排他性，使得竞争不可避免。竞争是生物进化的重要机制，是推动人类社会进步的重要力量。现代社会充满了激烈的竞争，害怕竞争的人终会被时代淘汰。一个人应当努力去培养自己的竞争意识，只有具备敢于竞争的魄力，勇敢地直面竞争，才能赢得先机，立于不败之地。

竞争在开始的时候，人们往往只感受到它带来的压力，因而畏惧竞争。作为事业带头人，如果在心理上缺乏竞争的准备，对竞争的重要性和残酷性认识不足，缺乏竞争的胆略，就难以在突如其来的激烈竞争中取得胜利。

一个人要敢于进行健康有益、互相促进、互相提高的竞争。对于比自己才能高、成绩突出的人，就要向他们学习，并要敢于超越他们；对于和自己在一个起跑线上、能力相当的人，就要比谁的能力提高快、成绩更突出。越是跟强劲的对手竞争，越能调动人的精神，激发人的潜能。这样不断树立新目标，确立新方向，就能够激励自己去探索新方法、新途径，尝试运用新的思维方式、行为方式和工作方式来从事领导工作，迅速地提高领导才能。

一个人要有竞争力，一要有实力。所谓实力，是指有才华、有能力，在做事中表现出色，能够取得比别人更好的成绩。实力是衡量一个人的本事的水准，是能够胜任某项任务的主观条件，是发挥出来的潜力。

二要有活力和创意。活力来自旺盛的事业心，创意来自不落俗套、勇于突破既有框架的灵动之心。拥有活力和创意的人，既不怕挫折，又能经常出现柳暗花明又一村的惊喜，其竞争力自然高于其他人。

三要有高超的情商。成功者不一定是智商最高的人，情商才是决胜的关键。情商高的人能掌握自己的情绪状况，能恰如其分地表达情感，能与人相处愉快，能给自己留下宽裕的转换空间，其迈向成功的阻力将最小。

四要有好的品质。一个在人格与道德上都经得起考验的人，其能力即使有所欠缺，仍然会被认为是值得敬重的人，他就具有独特的影响力，从长远来看，那才是真正的竞争力。

五要有好的身心素质。健康是一切的根本，一个人哪怕有再多的才华，若无健康的身体作为支柱，就很难有发挥才能的机会，健康的身心是从容地面对竞争的基础条件。

除了具备以上这些竞争力，一个人要想在竞争中胜出，还要注意以下几个方面。

1. 有直面竞争的勇气

应正确认识竞争，认清竞争的不可避免，拿出敢于展示、敢于拼搏的积极进取精神，自觉迎接挑战，积极参与竞争，在竞争中释放自己的潜能，焕发人生的光彩，促进社会的进步。

勇于竞争是战胜一切困难的最好方法。一个人如果只是一味地逃避，永远都不会取得胜利。索尼公司的创始人盛田昭夫说："尽管竞争有一些较为黑暗的东西，但在我看来，它是工业和工业技术发展的关键。"

竞争是激励前进的最好动力。通过竞争，可以让自己更加清楚地认识这个世界，更加确定自己的实力，变得更加成熟稳重，敢于战胜一切困难，勇往直前。面对竞争，要有大无畏的精神。

2. 注意竞争的策略

一个人应以平常心来对待竞争、驾驭竞争，使竞争始终能够沿着有利的方向发展。竞争使人们朝气蓬勃，克服惰性，发挥才能。但是，竞争也容易使人心理压力过大而产生焦虑、情绪紊乱、身心疲劳等问题，甚至极端者会导致情绪消沉、抑郁症、精神变态等。因此，必须注意竞争的策略和可持续性。

正确认识自己是制定切实可行的目标的首要条件。一个人要恰当评估自己，努力缩小理想和现实的差距，既不好高骛远，又不妄自菲薄。还要注意审时度势、扬长避短，善于发挥自己的优势和特长，形成比较优势，打下进一步发展和取胜的基础。

竞争必须全面考虑对手的综合情况，而不能因对手表面的弱小而轻视它。这是因为，"麻雀虽小，五脏俱全"，任何对手都具备一定的实力。

3. 遵守竞争的规则

提倡竞争，也要注意竞争的副作用。规则是用来规范竞争行为的，是竞争有效性的根本保证。规则越完善，竞争就越有效；规则越不完善，竞争结果就越糟糕。所以说，要竞争，更要讲究规则。

有的人容易陷入一种观念上的误区，那就是把对手视为敌人，不择手段地打击对手，以达到取胜的目的。面临日趋激烈的竞争，与对手竞争时，要抱着欣赏对手，向对手学习的心态，学习对手的长处，增长自己的实力，最后走上成功之路。应当明白，竞争不是"不择手段"和"唯利是图"，倘若如此，则到头来肯定是"搬起石头砸自己的脚"。一个人应当大胆地参与竞争，但也必须遵守法律、规则和竞争本身的道德。

4. 要竞争更要善于合作

固然，市场经济条件下，同行竞争在所难免。有不少人认为，"同行是冤家"，竞争双方似乎注定是利益截然对立的"冤家"对头。竞争就是不能有合作，不是你死，就是我活。其实，同行之间，不一定非得势不两立，拼个你死我活。

竞争离不开合作。一般来说，除生死存亡竞争之外，竞争要求合作。竞争的目的在于使双方共同促进、提高，而不在于更加封闭和敌视。竞争促进合作。只有善于合作，借势助力，才能优势互补，取长补短，集合力量，才能在合作中发展自己，才能增强参与新的竞争的实力。在很多时候，合作是最好的竞争。既竞争又合作，才能实现双赢或多赢。所以，要想顺利地达到自己的目的，就一定要学会与人合作。

美国可口可乐公司与百事可乐公司曾为了争市场而展开了半个世纪的激烈竞争。可它们的竞争是"未必要打倒敌人"。当大家对百事可乐与可口可乐之战兴趣盎然时，双方都是赢家，因为饮料大战引起了全球消费者对可乐的关注，大家都来喝可乐。可乐大战的启迪是，并非只有"消灭"对手，才是促进自身发展的唯一途径。在有些情况下，接受对手的存在并善待竞争对手，也同样能够促进自身的发展。

实践证明，既竞争又合作，就能突破孤军奋战的局限，把自身优势与其他企业的优势结合起来，把双方的长处最大限度地发挥出来，既提高自己也提高别人的竞争力，实现双赢或多赢，才是最终目的。

5. 提高竞争力

每个人都要不断提高自身实力，应对竞争的紧迫感和危机感，练好"内功"，完善自我，勇于面对任何竞争和挑战，在竞争中求新的发展。俗话说，"打铁还需自身硬""不打无准备之仗"。为了能在激烈的竞争中"适者生存"，我们必须把自己培养成一个有竞争力的人。对一个组织来说，领导素质才是构成组织竞争优势的关键。而领导的核心能力，更是一种能够为组织提供独特竞争优势的深度能力，在组织发展中起着根本性、主导性和关键性的作用。

一个人能力的要素很多，但究其核心要素，主要包括敏锐的辨别力、强大的推动力、持续的创造力和永恒的自我提升力。一个人的个人魅力来自专业知识、个人品质及日常行为。专业知识为本行业内知识，当领导具有本行业内专业知识时，就具有无形的领导力，形成对团队的吸引力，从而有利于形成权威。这往往也是很多组织都特别注重将行业内的能手提拔为领导的原因。

当今科学技术日新月异，知识经济迅速兴起，不注重学习，不注重知识的更新，就难以取得领导和驾驭市场经济的主动权，因此，要加强对文化和现代科学技术的学习,努力形成学习的风气、刻苦钻研的风气,提高思想政治和业务素质,增强自己的学习能力、观察能力、决策能力、协调能力、执行能力、应变能力和创新能力,从而增强综合竞争能力。

第七章 把控好自己的情绪

控制自己的情绪，这样，就不会让情绪如同泛滥的江河一样淹没我们的心灵，造成无法弥补的后果，也不会有任何惨痛的事情发生。一颗阴暗的心托不起一张灿烂的脸。有爱心必有和气，有和气必有愉色，有愉色也必有婉容。

认清自己，控制情绪

故事一：有一天上午，一只慵懒的狐狸准备外出觅食，当它走到门外时，看见自己的影子在阳光的照射下显得十分修长，因此，他信心满满地对自己说："今天一定要抓一头骆驼做丰盛的午餐。"

可是整个上午过去了，狐狸也没有找到骆驼的踪迹，更别说丰盛的午餐了。到了正午，饥肠辘辘的狐狸已无力前行，这时，太阳正悬在它的头顶上。此刻，狐狸发现自己的影子特别小，于是，它垂头丧气地对自己说："看来我应该去抓一只老鼠。"

故事二：两只青蛙在外觅食的时候，一不小心掉进了一个盛满牛奶的桶里。一只青蛙心灰意冷地想：看来是彻底没希望了，这么高的牛奶桶，对我来说是根本跳不出去的。于是它放弃了挣扎，最后淹死在牛奶里。而另一只青蛙却不断地给自己鼓劲：虽然掉进这么深的桶里，看似没有了希望，但我最擅长的就是跳跃，只要鼓足了劲儿，不断地往上跳，一定可以跳出去的。于是，这只青蛙用尽力气跳跃着。最后终于跳了出去。

在故事一中，狐狸分别选择早上和正午的影子作为参照物，使它错误地认为自己非常强大或非常弱小。当早上发现自己的身影修长伟岸时，就以为自己力大无穷，无所不能，可以捕获一头骆驼；当正午的阳光缩小了它的影子时，它便误以为自己是相当渺小的，觉得自己能够抓到一只老鼠就不错了。

在故事二中，两只青蛙由于不同的认识而出现两种截然不同的结果。

第一只青蛙因为没有认识到自己的能力，面对困难，万念俱灰，结果淹死在了牛奶桶里；而第二只青蛙却坚信，只要自己努力，就一定可以跳出去，从而获得了新生。

在现实生活中，我们往往就像故事一中的狐狸和故事二中的第一只青蛙，当遇到让自己不顺心的事或是听到他人负面的评价时，就会认不清自己，控制不了自己的情绪而做出让我们追悔莫及的事情，轻则影响人际关系，重则危害自己的身心健康。所以，要想远离失控情绪，就需要调节自己的心态，正确、清楚地认识自己。

当我们客观地认识自己时，对外界事物的判断才会变得更加理性，从而减少自身情绪化行为的产生。当我们能做到正确认识自己后，就如同在内心安装了一个控制情绪的阀门，让情绪能够收放自如，从而远离情绪失控，保持健康、积极的心态。

一天，著名作家哈里斯和朋友在街上闲逛。当看到一家卖报纸的小摊后，哈里斯走上前去买了一份报纸，并在买完之后礼貌地向摊主道谢。可是摊主并不领情，而是摆出一副臭臭的表情。朋友见状非常生气，但隐忍着没有发作。

当他们又走了一段路后，朋友实在忍不下去了，气愤地对哈里斯说："你难道不认为刚刚那个摊主的态度十分差劲吗？"哈里斯微笑着说："我并不觉得啊！我每天都在他那里买报纸，他一直都是这种态度。"

朋友听闻更加惊讶起来："他每天都是这样的态度对待你，你为何还要礼貌地向他道谢呢？"哈里斯依然微笑着回答："何必让别人影响自己的心情呢？"

我们为何让别人来左右和影响自己的心情呢？好心情应当由自己掌

控。人生不如意事十之八九，如果我们因此而消沉，迷失了自我，那么永远都会被事情牵着鼻子走。但是如果我们能够正确地认识自己，培养豁达的心胸，客观地看待问题，愤怒、冲动等不良情绪就像雨滴落在久旱的大地上，瞬间就会被蒸发掉。

有心理专家表示，一个心理成熟而健康的人，会对"自我"有清晰而准确的认知，并且能够客观地评价自己。但是如果一个人对"自我"的概念认识不清或不完整，那么，他的认知便是混乱的、残缺的，从而导致在生活中没有目标，很难应对生活的变化，更无法掌控自己的情绪。

有人曾问古希腊哲学家泰勒斯："什么事是最难做的？"泰勒斯回答道："认识自己。"一个人能够全面、客观、准确地认识自己并不是一件很容易的事情。正是由于对自己认识上的偏颇，才会产生复杂的情绪体验，做出让常人无法理解的事情。

因此，只有正确地认识自己，才能让我们远离情绪失控。首先，要清楚认知自己的优缺点。一方面要认识到自己在性格特点、处世态度、能力、地位等方面的优势，另一方面也要经常剖析自己为人处世等方面的弱势，用平常心来善待自己和他人。这样一来，我们就会具备更多的优秀品质，如包容、乐观与沉着等，从而远离嫉妒、消极与暴躁等不良情绪。

其次，淡然地看待那些无法避免的失误和疏忽。当我们在宴会上不小心将酒杯打翻，或是不小心说了一句话，让愉快的交流氛围变得尴尬时，大可不必让起自己的情绪掀起波澜。因为当我们处于尴尬中或深感不安时，别人也许根本不在意，也没有多少人会注意到我们。所以，我们没有必要让这些微小的失误和疏忽困扰着自己，陷入不安的心理状态，更不要为此沉溺于自责的情绪中无法自拔。

最后，不要过度地关注自己。关注自己本来是没有错的，但是过度关注只会让自己迷失，认不清自己的定位，更会导致一切事情以自我为中心，从而失去客观性，容易情绪化。

得饶人处且饶人

电影《中国合伙人》有一段情节让人印象深刻：成东青、孟晓骏、王阳三个好兄弟一起创业，但后来因为处世方式和价值观不同，三个人在大吵一架后分道扬镳了。再后来"新梦想"学校惹上了官司，就在成东青孤立无援最危急的时刻，另外两个好兄弟回到了他身边，愿意和他一起共渡难关。

不计前嫌的故事不仅发生在电影里，在我们的生活里同样比比皆是。春秋时期，齐桓公重用曾经暗杀过自己的管仲，这是一种不计前嫌；功成名就以后的梅兰芳能够主动照顾曾经把他轰出师门的恩师，这是一种不计前嫌；一个好心的女孩被摔倒的老人诬陷，真相大白后反而向住院的老人捐了一千多元，这同样是一种不计前嫌。

不计前嫌不仅仅是宽恕和谅解，很多时候它还意味着冰释前嫌，甚至是以德报怨。在生活中，忘掉一个人的过错其实并不难，难的是仍能以一颗慈悲的善心去面对那些伤害过我们的人。

朱莉亚如今已经年过六旬。她曾经嫁过一名伐木工人。婚后的生活不算幸福，丈夫贪杯以及酒后打人的坏习惯始终困扰着她，但为了家庭的完整，她都忍了下来。

后来，她丈夫丢了工作。朱莉亚靠做小生意赚钱来维持家庭生活。每天的生意都由她自己打理，丈夫从来不管不问，仍旧每天喝得烂醉如泥。有一年圣诞节，丈夫在酒醉后打伤了她的头。这让她彻底绝望了，终于下定决心选择离婚。

离婚三年后，有一次，她从别人那里得知前夫突然失踪了。原来，他在酒后突发脑出血，晕倒在路上后被进了医院。朱莉亚来到医院，找到神志不清的前夫，并拿出自己的积蓄给他治病，后来还把他接回家中。

前夫患病后，生活不能自理，全要靠朱莉亚照顾。虽然辛劳，朱莉亚却释然了许多。她说："我和他毕竟曾是夫妻，他虽然做过伤害我的事，可我们一起走过那么多岁月。他如今遇到了困难，我不能坐视不管，要不然，他就彻底完了。"

在她的努力下，前夫的身体一天天好转。他对自己曾经犯下的错感到深深的内疚。

面对一个和自己已经毫无瓜葛、生病不能自理的男人，朱莉亚完全可以置之不理，特别是这个男人还曾经深深伤害过她。但是，良心却让她不计前嫌，全心全意地照顾这个曾经可恶、现在可怜的男人。尽管他们最终没有复婚，但是一个悲剧能以这样的结局收场也算是一种圆满。这不仅体现了朱莉亚大度的胸怀，更体现出人性中的真善美。

我们不要总念念不忘于别人的"不好"，应该更多地想到别人的"好"。这不仅能使我们的生活变得和谐，对我们的事业发展同样非常重要。

尼万斯离开苹果公司已经有十年的时间了。当初他选择离开时，乔布斯和人力资源部部长盖勒对他苦苦挽留，但都没有奏效。

十年后，尼万斯深深感觉到自己当初离开苹果公司实在是一个错误，并希望回到公司继续工作。但是，他的复职申请被盖勒拒绝了。

不久后，乔布斯在研发一个项目时突然想到，尼万斯恰好适合这个项目，如果有他的参与一定能攻克技术上的难关。但盖勒仍然坚持，一个人必须为自己的"背叛"付出代价,这是他应有的下场,他没有资格再回来。

于是,乔布斯劝解道:"每位员工都是公司的无价之宝,一旦被竞争对手挖走,损失将不可估量。他重返公司,不仅会让团队增加一位顶尖的人才,还能削弱竞争对手的力量,何乐而不为呢?"

后来,尼万斯终于如愿以偿,回到了苹果公司,而且比以前工作更卖力。在那之后,鼓励离职的老员工重返公司,成为苹果公司一项极具特色的人事制度。正如现任苹果公司首席执行官(CEO)库克说的那样:"简单地以道德的眼光去审视员工的跳槽行为,将跳槽者列入黑名单,对于员工和公司而言都没什么好处。而宽容他们,给他们返岗的机会,也是给苹果公司机会。"

当然,不计前嫌并非没有底线的妥协,而是要我们搁置不愉快的经历,以宽广的胸怀去包容往日的恩怨。不睚眦必报,不落井下石,甚至还要学会以德报怨。即使我们的好心不能得到善果,至少对得起自己的良心。

吴承恩在《西游记》中写过一句话:"遇方便时行方便,得饶人处且饶人。"不计前嫌是成大事者的心态,人世间任何一种旧恶都有重新来过的机会。很多时候,别人也未必是真的错,可能只是彼此之间的价值观存在差异罢了。假使对方真的错了,只要有诚心悔改之意,我们也没有不去饶恕的理由。

抱怨将使生活失去光彩

有这样一段话：读喜欢的书，爱喜欢的人。如此简单，如此美好。像午后窗栏下，慢慢呈现于绣布上的幽兰，两三笔，几片叶，甚是简洁，甚是美好。又或像闲坐躺椅，以书盖脸，短短一个盹儿，合着一帘清梦，遨游天地。梦醒，情景已模糊不堪，但也无妨！

我们常常觉得累，痛苦与焦虑甚至抱怨都在不经意间占据了我们的心灵，让我们的负面情绪越积越多，最终难以自拔。其中固然有世事变化无常的原因，更重要的一个原因就是我们走入了一个误区——放大了痛苦与焦虑。很多时候，我们面临不幸，痛苦被放大，抱怨越来越多，心情也越来越糟糕。

古时候，同村的两个秀才一起赶赴京城参加科举考试，两人在一个小店租了一间屋子同住。就在考试的前一天晚上，这家店被小偷"光顾"了。这两个秀才也不例外，他们身上的钱财以及包袱里的衣服都被小偷偷走了，他们一无所有。

在这种打击面前，两个秀才却有不同的心态。甲秀才想："这也许是上天对我的一次重大考验吧！'天将降大任于是人也，必先苦其心志。'或许这次我就能考上。"想到这里，他把钱财、衣服被盗的事情都抛到了脑后，然后安心地睡了一觉，第二天精神抖擞地走进考场，结果金榜题名。

乙秀才则是想："这下子全完了，要是这次没有考上，又没有了盘缠，怎么回家呢？怎么面对父老乡亲呢？"他还不断地抱怨小偷，整晚都想这些事情，第二天心事重重地走进考场，结果名落孙山。

甲秀才之所以能金榜题名，一个重要的原因就是他乐观的心态，这使他能缩小痛苦，放大快乐。相反，乙秀才之所以榜上无名是因为他心事重重，凭空增加了自己的心理负担，放大了痛苦。

在上班路上，遇到了堵车可能会迟到，这是一件很普通的事情。可是，有的人偏偏进行了无限联想：迟到了不仅会被批评，而且还会扣奖金，影响到年终考核，甚至影响晋升……根据这个逻辑，可以想象这样的人该有多么痛苦，活得该有多么辛苦。

选择了放大痛苦，那么痛苦就会占据你的视野，坏情绪也就会随之放大。在人生路上，背着这么大的痛苦上路，被这么大的坏情绪影响，你的脚步会越来越沉重，路也会越走越窄。

孩子感冒了，焦急的母亲一边守着孩子，一边又着急地想道：孩子的学习肯定会被耽误，肯定会影响期末成绩，肯定会影响升学，肯定会影响就业……在她看来，一场病就会耽误孩子的一生。这种"破坏性"的联想实在要不得。

卢梭说过："除了身体的痛苦和良心的责备以外，一切痛苦都是想象出来的。"有时候，那些让人伤心、痛苦、焦虑的事情并非有多么严重，只不过有些人爱瞎琢磨，会"想象"出很多痛苦。

有一天，一位老妇人不小心将一个鸡蛋打破了。本来一个鸡蛋破了也不是什么大事，可是，这个老妇人却觉得自己受到了不可估量的损失。她想道：如果这个鸡蛋没有破碎，那么可以孵化出一只小鸡。如果孵化出来的是母鸡，那么它长大后又会产下很多蛋。那些蛋又可以孵化出很多小鸡。鸡生蛋，蛋生鸡，这样下去的话，那我岂不是失去了一个养鸡场？

老妇人痛苦万分。

这听起来似乎太夸张了，但生活中这样的人偏偏还很多。他们把原本的小痛苦无限放大，结果自己沉溺其中，不能自拔。

心理学家曾做过一个有趣的实验，目的是研究人们常常忧虑的令人烦恼的问题。心理学家要求实验者在周末晚上将未来一周内所有的忧虑和烦恼都写下来，然后投入一个指定的"烦恼箱"里。三个星期之后，心理学家打开了这个"烦恼箱"，经过核实发现，很多人的"烦恼"并没有出现在生活中。由此看出，烦恼真是人们自己想出来的。

放大痛苦的人爱抱怨，因为他们没有认识到痛苦与挫折的客观性。其实，遭受挫折是一件非常平常的事，这本就是生活的一部分。没有挫折，人的生活是不完美的。

放大痛苦的人爱抱怨，因为他们没有找到背后的心理原因。他们不知道是不是自己太过追求完美，是否太看重事情的结果，是否太注重他人的评价等。

放大痛苦的人爱抱怨，因为他们没有正视现实的压力。苦恼的产生，常常由于生活中有一些我们不愿面对的现实压力、心理冲突，如婚姻中的矛盾、工作中的压力、人际交往的冲突等。人们由于一时束手无策，所以滋生了抱怨心理。我们要做的是学会正视它们，并及时解决它们。

放大快乐，就是珍惜眼前每一个小小的快乐。清晨起床，拉开窗帘，看到的是好天气；上下班的时候没有堵车；工作的时候被领导赞扬了一句；奖金涨了100元……这些都是值得我们快乐的理由，将它们当作很大的快乐来对待，我们就能从中获得持久的回味。

一个人的快乐程度，并不是由他拥有多少财富决定的，而是取决于他看待生活的方式。一个悲观的人，即使腰缠万贯也会每日忐忑不安；而一个乐观的人，即使收入有限也能享受生活的乐趣。缩小痛苦，放大快乐，其实这就是我们要选择的生活态度。即便人生有些许遗憾，但它仍会是美丽和精彩的。

用乐观的心态看待人生

国学大师翟鸿燊在一次讲座中这样说，思考力不仅仅是用脑袋，而是用心性来思考。中国传统文化的这个"心"，不是指心脏，是心智模式、心性……看到这张脸就知道你的内在，这是很关键的。相由心生，改变内在，才能改变面容。一颗阴暗的心托不起一张灿烂的脸。有爱心必有和气，有和气必有愉色，有愉色也必有婉容。

这段话实际上是告诉我们，人外在的一切表现都是由人心所生：快乐、悲伤、烦恼、痛苦的表情皆是内心的反映，它不受外界任何因素的制约。对于同样的事物，人的心态不同，其结果也是不同的。

从前有一个小和尚，他刚到一个寺庙不久，老和尚分配给他的任务便是每天把寺庙的院落清扫干净。

时值秋季，寺院里面有很多落叶。所以，清扫这些落叶便成了一件苦差事，小和尚每天都要花费很多的时间才可以将落叶清扫完毕。但是，每一次秋风过后，落叶便又再次飘舞飞落，小和尚还需继续打扫，这让他痛苦不已。

其他的和尚给他出主意："你每天在扫院落前先用力摇树，把那些将落的叶子晃下来，那清扫一次后，便有一阵子不用打扫啦！"小和尚觉得非常有道理，于是按照这个方法实行了。他清晨起了大早，奋力摇树，然后自认为把今明两天的落叶都一次清扫干净了，这让他一整天都心情大好。

谁知第二天，小和尚刚到院子便傻眼了，落叶依旧铺满地。这个时候老和尚走了过来，垂眉低语道："无论你今天如何用力，明天的落叶依旧会飘落的。"小和尚听了终于顿悟，是啊！世界上很多事情是不能提前的，认真地做好当下才是最为真实的人生态度。忽然间小和尚的内心产生了一种满足和快乐感，他内心所有的苦恼、疲惫、绝望统统消失得无影无踪……小和尚认识到了清扫落叶这份苦役蕴含的哲理，于是他不再抱怨和焦虑了。

小和尚先后做的是同样的事情，但是由于不同的心态，结果也不同。当他将清扫落叶当作一种苦役时，心中就充满了烦恼、痛苦和绝望；当他将清扫落叶当作一件有意义的事时，心中便充满了满足和快乐，最终也获得了心灵的解脱。

由此可见，任何烦恼和快乐都是由我们的内心决定的。如果我们用悲观的心态看待事物，最终得到的会是烦恼和痛苦；当我们用乐观的心态看待事物时，就能够得到快乐和满足。

约翰·杰西已经过了不惑之年，他最为在乎和担心的是自己两个可爱的儿子。他们虽年龄相仿，但是脾气、秉性却大相径庭。大儿子路易斯生来悲观，总是一副忧心忡忡的样子；而二儿子亚德却生来活泼，每天都乐呵呵的。为了让路易斯快乐起来，约翰平时对他加倍偏爱。

有一年的圣诞节前夕，约翰·杰西想试试自己的两个孩子，便特意给他们准备了完全不同的礼物，在夜里悄悄地挂在了圣诞树上。第二天早晨，哥儿俩早早地起床，兴致勃勃地想知道圣诞老人给自己的礼物。

哥哥路易斯收到了很多的礼物，足球、崭新的自行车、玩具枪、羊皮手套等，可是他一件件取出的时候却越来越不高兴。

于是父亲问道:"怎么?这些礼物你都不喜欢吗?"路易斯便难过地说:"你看这玩具枪,若是我拿出去玩,说不定会因为打碎邻居家的玻璃而招致一通责骂。这自行车虽然漂亮,我骑着出门也会高兴,但若是撞在树干上我受了伤可怎么得了。这羊皮手套虽然好,但是保不准我戴着出门就会挂在树枝上,也会增添许多烦恼。足球更不要说了,我总有一天会把它踢爆的,到时候可怎么办啊!"说完竟大哭起来。父亲看到这些,什么都没有说便出去了。

刚一出门,他便看到小儿子拿着自己给他的一个纸包笑个不停。父亲大惑不解,因为纸包里面什么都没有,只有一包马粪。父亲实在不明白小儿子圣诞节收到这一包马粪作为礼物如何能够笑得这么开心。于是父亲问小儿子:"你为什么这么高兴?"他边笑边说:"我的礼物是一包马粪,我想一定有一匹小马驹在我们家里呢。"随后他开始寻找,果然在自己家屋后面找到了一匹小马驹,随后亚德开心地大跳大笑,父亲见此场景,也开心地笑了起来。

快乐或悲伤完全取决于我们的内心,拥有乐观情绪的人无论看到什么都能看到光明的一面,而拥有悲观心理的人总是抓着黑暗的那一面不放,得到什么,都不会快乐。快乐源自内心,并非可以通过外界的财物才能得到的;而悲观却是由自己酝酿而成,如同苦酒一般,自酿自尝,不能怨周围的人和事物。

在生活中,我们内心忧虑最大的来源并不是外界的"危险信号",而是我们内心的一些想法。比如:我们总是会担心失业,担心身体的一些疾病,担心意外的事件等。我们的内心似乎潜在地灌输给我们一个想法:"我们必须循序渐进地按照我们的内心想象而生活,要平安且不要有太多麻烦和困难，一旦超出了这个范围，我们便无法接受了。"我们要知道，我们这样去烦恼，是不能改变任何事实的。

　　生命匆匆，只是一个过程而已。快乐是一天，悲伤也是一天，与其在烦恼和痛苦中过，不如快乐、幸福地活。

　　我们要想获得更多的快乐，就应该早一些摒弃内心的烦恼和痛苦，将内心阴郁的情绪打扫干净，迎接新的快乐和幸福的阳光。

不乱发脾气

爱发脾气的人就像一颗定时炸弹，一不小心，便可能伤害自己且殃及周遭的人。脾气不好的人，常常会因为一点点小事便闹情绪。不看场合、不分事情轻重、不辨对错乱发脾气，不但有失修养，同时，也会让他人敬而远之。每个人都有脾气，但没有人愿意与一个脾气不稳定的人交往。

如果家里有一个脾气大的人，家里将会不得安宁。他会任意数落自己的家人和孩子，而原本高兴的一家人，便会因他的负面情绪而心情糟糕。脾气不好的人在工作中也容易碰壁，与领导、同事时常发生冲突，这样的人，不但惹人厌，还有可能因此丢掉自己的工作。

坏脾气其实是一种不自爱的不良习惯。无论是大事还是小事，总会有让自己不顺心的因素。你不必强制自己去喜欢那些你不认同的人或事，但要明白他人有权选择自己喜欢的人与事。不要把纯净的心灵变成情绪的垃圾桶，不把别人的不是全兜在心里，自己的心要自己爱护。

作为家里的独子，小宋从小便受尽了宠爱。无论要求是否合理，只要是他想要的，家人便想尽一切办法满足他。还是儿童时代的小宋，跟别的小孩打闹，不管是不是小宋的错，他的家人总会偏袒他，为他出头。任性、自私、爱发脾气的小宋，被家人无限包容着。

随着年龄的增长，小宋的小性子没有丝毫收敛，甚至更为暴烈。只

要稍微不如他的意,他就会大发脾气。小宋家人有时也觉得他脾气太暴,这样不好,却想不出更好的办法来让他冷静,只得哄着他。偶尔小宋的表现太糟糕时,家人也会说他两句,小宋不但对劝说不以为意,还会顶嘴。不只在家里,小宋的臭脾气在学校也是有名的。与同学一言不合就打架,对老师的教诲也是左耳朵进右耳朵出。小宋在学校爱闹事,老师管不了,只得打电话给他的家长。小宋的家人频繁进出学校,却没有起什么作用。

性格一旦形成,是不容易改变的。当小宋不断闯祸,甚至多次犯下较为严重的错误时,家人才悔悟从小对小宋太过骄纵与宠溺。小时候的小宋会因生气砸碎邻居家的玻璃,少年时的小宋会因生气砸坏对方的小车,如今成年后的小宋会因生气随手拿起身边的东西砸向对方。在小宋砸伤他人的同时,自己也免不了受伤。家人劝说无效,最终狠下心痛打了小宋一顿,效果却适得其反。在一次与家人大闹后,小宋一气之下离家出走,之后与他人发生矛盾,受了重伤,性命垂危。

没有人从来不发脾气,当你感到愤怒,对身边的人或事感到不能容忍时,你便会发泄情绪。发脾气是生活中不可或缺的一部分,它可能出现在你赶时间却被车流堵住时,也有可能出现在你与家人吵架时,还有可能出现在你与同事闹矛盾时。只要是正常的人,便会产生情绪波动。只是,不乱发脾气是一个人成熟的标志。当你能够克制自己的冲动,控制自己的情绪,理智地对待让自己发狂的事或人时,你便是一个身心自由的人。

如果你止不住发脾气,待冷静后,便要对自己生气的原因做认真的反思,明白乱发脾气的原因及代价。你也可以寻找信任之人进行监督,让他在你失控时及时提醒你。通过多次实践，定会有所收获。

发脾气是无师自通的一件事，从小孩到老人，不管何种学历，都有生气的时候。但发脾气往往会把事情越弄越糟。不乱发脾气，才能更好地解决问题。

做到能屈能伸

古今中外，凡是能够成就大事的人都具备一种卓越的才能——中庸之道。待人处世不激进、不冒失，沉稳而又懂得忍耐，能做到这些，才能在官场及社会中处于不败之地。这也就是很多成功人士智慧之精华。

有人讲"处世让一步为高，退步即进步的张本；待人宽一分是福，利人是利己的根基"。细细品来很有道理，为人处世，忍让才是最高明、最根本的智慧。人生在世，处处争强好胜，妄露锋芒，并不是什么聪明的行为。俗话说枪打出头鸟，谁先凸显出来，谁就有先被打掉的危险。

《庄子·人间世》中曾经记录过这样一个故事，甚是耐人寻味。

来到齐国曲辕的匠人石，看见了一棵巨大无比的栎树，而这棵栎树被当地人视作神树。这棵树的树冠可以遮蔽数千头牛，树冠之大可想而知。树干就有数十丈粗，树梢离地面八十尺处方才分枝，要是用它造船的话，可以造十几艘。观树之人络绎不绝，而匠人却不看一眼，继续前行。匠人的徒弟看了大树半天，气喘吁吁地赶上了匠人石，说："自我跟随师父起，还未曾见过这般树木。但师父为什么看都不看一眼呢？"

匠人石回答道："快别提它了！如果用它造船，船必沉没，做棺椁会很快腐朽，做成器皿会坏得更快，作为屋门之材定不合缝，作为房梁定遭虫蛀。这树不是什么可造之材，所以才活到这般年纪。"

回到家后，匠人石梦见栎树对他说："你用什么和我比较？是那些可造之材？还是那些果树？那些果树待到成熟之时，果子就会被打落在地，之后遭到摧残的就是枝干，大小枝干会被通通修剪。各种事物也不过如此而已。我曾经被人砍得半死，最后得以保全，思来想去，我最大的用处就是无用。要是我真有用，还能安享天年吗？你怎么能用这样的眼光看待事物呢？你不过是将死之人，又怎么会真正理解是不是可造之材的树木呢！"

最"无用"的反倒最长久，这不正是委曲求全的道理所在吗？一棵参天的古树，却要用弯曲的树枝、低劣的木质、树叶的怪味等来伪装自己，以使自己逃脱被人类砍伐的命运。老树况且如此自保，人类不也应该如此吗？

实际上，我们总喜欢把自己比别人的高明之处表现出来，恨不得自己得到所有人的崇拜，这种误区往往会让人钻牛角尖，最终树敌无数。古人说"藏巧守拙，用晦如明"，想要平静淡然地生活，就不要妄露锋芒，否则"功高盖主，主必压之"，尤其是在上司面前。

韩信身为汉朝开国第一功臣，曾多次献出妙计，定三秦，率军俘魏王，活捉赵王歇，收燕荡齐灭楚，最后逼得项羽在垓下自杀。司马迁曾经这样评价他："韩信打出汉朝一半的天下，但他犯了功高震主的大忌。"

刘邦曾经这样问过韩信："你看我能统兵多少？"韩信说："最多不过十万。"刘邦又问："那你又能统兵多少？"韩信不敛锋芒地说："多多益善。"

刘邦因为这样的回答而颜面扫地，对韩信耿耿于怀。在打仗方面，刘邦确实不如韩信，但韩信不懂得身为人臣要收敛锋芒，常常在刘邦面前锋芒尽露，最终把自己逼上了绝路。

"韩信甘受胯下之辱"这个故事人尽皆知，为此，韩信被人们称为"能屈能伸"的大丈夫。但在收获丰功的同时，他不懂得收敛锋芒，一味在刘邦面前贬低对方、抬高自己，这样的人，谁能容忍？曾经的英雄最后竟死于狂妄自大，哀哉！

不以别人的冒犯而愤怒，不以他人的无理而争吵。懂得中庸之道，懂得权衡利弊，在任何情况发生后，能在短时间内思考出最有利于自己的方法，做出能够自保的策略，如此才能成为这个时代的成功者。

只有学会委曲求全，做到能屈能伸，懂得中庸之道，保全自己，才能够实现自己的人生目标。

第八章　要有爱岗敬业精神

敬业是完成任何工作必不可少的条件，更是一个人在工作中获得成功的基本要求。只有有了敬业精神，才会恪尽职守、兢兢业业地做好本职工作。

只有敬业，才会乐业

美国发明家爱迪生曾说："我的人生哲学就是工作。"美国教育家勃特勒也曾说："要从事伟大的工作，一个人必须既非常勤劳又非常空闲。"他们所要表明的是：要想成功就必须要敬业，要像对待自己的生命一样热爱自己的工作。当我们把自己所从事的工作当成生命来看待时，自然会在工作中寻找到自我价值。

敬业才会乐业。敬业，就是忠于职守，热爱自己的本职工作。孔子曾说："饱食终日，无所用心，难矣哉！"又说："群居终日，言不及义，好行小惠，难矣哉！"大概的意思是：整天吃饱了饭，什么心思都不用，是不行的呀！如果整天聚在一块儿，说的都达不到义的标准，专好卖弄小聪明，这种人很难教导。整天游手好闲，不务正业，是难以挽救的人。作为一个人，一个社会上的人，一个社会上完整的人，他必然要对社会有所贡献，要有自己的工作，并集中精力投入进去，否则他就失去了存活于世上的意义。因此，对待职业，不仅仅是把职业当成自己的谋生手段，更应该把职业看作一种神圣的事业。职业没有高低贵贱之分，关键在于我们对待职业的态度，从这种态度中就能看出你的敬业程度。

敬业，关键在于"敬"字。对待工作要有畏惧感，把工作当作一件神圣的事情，一件严肃的事情。《庄子》记佝偻丈人承蜩的故事，说道："虽天地之大，万物之多，而惟吾蜩翼之知。"意思是说，要把一件事情做得非常完满，唯一的途径在于自己内心中要有敬畏心理。

敬业之后，自然就会有乐业的心理体验。有的人天天喊"工作太苦了""工作太累了""工作让我很烦躁"。当然，工作是需要付出辛勤的劳作，甚至是体力上的超支。但是，我们每个人再反过来想想，我们是不是真的要每天除去睡觉就不去干其他的事情，把头脑和身体闲着不用就会快乐吗？曾有失业的朋友就不断感叹说：有工作的时候没珍惜，到了找工作的时候才发现工作的乐趣，其实工作没有想象得那么痛苦。我们说，如果不敬业，何来的乐业呢？所以，乐业的存在就在于工作中一步步的奋斗过程，就如同在场上竞技的足球运动员一般因胜利而得到快乐。我们许多人都能从自己的职业中感受到乐趣，也只有这样，生活才会变得有价值。孔子说："其为人也，发愤忘食，乐以忘忧，不知老之将至云尔。"这种生活，才是我们提倡的应有的理想生活。把爱岗敬业当成自己的座右铭，那么老去的那一天就可以说一生无愧，那样的人生才是快乐的。当然，你不仅在其中获取了物质价值，同时也能获取精神上的满足。工作对你来说，也就不会再觉得痛苦。

有一位本领高超的木匠，因为年事已高就要退休了。他告诉老板他想离开建筑业，然后和妻子儿女享受一下轻松自在的生活。老板实在是有点舍不得这样好的木匠离去，所以希望他能在离开前再盖一栋具有个人品位的房子。木匠欣然答应了。不过令人遗憾的是，这一次他并没有很用心，他草草地用劣质材料把这间屋子盖好了。其实，他用这种方式来结束职业生涯，实在是有点不妥。房子盖好后老板来了，四处看了看，然后把大门的钥匙交给这个木匠说："这就是你的房子了，是我送给你的一个礼物！"木匠实在是太惊讶了！

当然，这位木匠肯定非常后悔。因为如果他知道这间房子是他自己的，

他一定会用最好的木材，用最精致的工艺来把它盖好。其实我们每个人所从事的工作，归根结底都是在为自己建造一间房子。

如果我们不肯努力地去做，那么我们只能住进自己建造的最粗糙的"房子"里。如果你真正地珍惜自己的工作，把工作当成生命那样去看待，最终肯定会有一番与众不同的成就。

众所周知，清洗轮船的甲板可以算得上是一件枯燥的工作。但是，在某地的海边有一群船员一边忙着干活，一边快乐地歌唱和谈笑。这种和谐融洽的气氛，被一个到海边游玩的年轻人看到，觉得十分奇怪。他们怎么会这么开心，不就是在清洗轮船甲板吗？那是多么肮脏和劳累的工作啊。于是，年轻人就去向那群船员寻求答案。

"哦，这很简单嘛！因为我们选择了快乐，选择了一种正确对待自己工作的态度，像对待自己的爱人一样对待工作！"有一个船员这样回答，其他的船员也七嘴八舌地附和说道："是啊，是啊！"

"像对待自己的爱人一样对待工作。"年轻人生平第一次听到别人这样来谈论工作，觉得有点儿不可思议。

"你不用怀疑我说的话，这都是千真万确的。我们确实都是像对待爱人一样对待工作的，而且选择乐在其中。"看见年轻人疑惑不解的表情，刚才的那位船员又接着说，"我们不能不工作，即使我们找到我们所希望的工作也与所想象的存在很大差距。我们的时间是有限的，没有太多的时间让我们寻找希望中的理想工作。由于许许多多现实因素的存在，决定了我们在很多的时候没有办法去选择工作本身，但是没有谁能阻挡我们选择对待工作的态度。正所谓，态度决定一切。如果我们对自己所从事的工作感到枯燥无味，心中充满了抱怨，我们就很难做好自己的工作，也就无法获取令人瞩目的成就。正因为如此，我们要成功，就必须像对待爱人一样对待工作。"

听完船员的话，这位年轻人终于心悦诚服地点了点头。

平凡的工作中要干出不平凡的业绩，就要对自己的工作有爱；只有乐业，才会爱自己的工作，才会敬业，才会在工作中取得成功。

以饱满的热情投入工作

做好某一项工作，或许是一件很容易的事情。可是，要自觉主动且满怀热情地把每一项工作都做好，就必须付出很大精力，要努力克服和排除一切困难，做好所有工作更要全身心地投入进去。可见，工作的结果关键在于我们工作的努力程度。如果你以饱满的精神状态投入到工作当中，自然就会顺利完成任务。饱满的精神是一种无穷的力量，具有这种精神状态也是敬业的一种表现。只有敬业的人才会对工作有着无限的干劲和激情。

抱着高度的热情、饱满的精神投入工作，这是工作中难能可贵的品质。很可惜，在现实的工作中对自己的工作和事业充满激情和热爱的人越来越少，甚至有人将工作视为劳役。一旦有这样的思想产生，即使当初你对这份工作百般喜欢，经过一段时间也会厌倦，更无法从工作中体会它们的乐趣，自然也会在工作中无精打采、垂头丧气，就可能在职业生涯中遭受失败，付出沉重的代价。所以说，我们对待工作必须要敬业，要全身心地投入工作，体现出对自己所从事工作的认真态度，体现出自己的责任心、事业心和干事创业的决心。这就是为什么一个人要在某个领域做出成绩必须要有敬业精神，必须要努力不懈地坚持和发扬这种精神，并使之成为一种习惯。

以饱满的热情投入工作体现了一种责任之心。敬业就是一种责任的体现，责任能够在我们的心灵深处形成一种强大的规范意识，激发出自身的潜在本能，并把这种规范和本能转化成强烈的责任心和干事创业的欲望，变"要我干"为"我要干"，变被动为主动。这样，才能把平凡的工作岗位当成不平凡的事业，把普通事务性工作当成重大任务来完成。

以饱满的热情投入工作体现了勤奋之行。敬业就是一种勤奋的践行，也是一种宝贵的习惯。良好习惯的养成不是一朝一夕的事情，是一个长期的过程。勤奋的人的成功之处不是聪明，而是知道怎样严格要求和规范自己，养成勤奋的良好工作习惯。特别是在当今知识信息爆炸时代，唯有勤奋才能让自己不在时代中被淘汰。正所谓，天道唯重勤奋人，一分耕耘一分收获。

以饱满的热情投入工作体现了一种境界。敬业是一种人生的崇高境界。简单地说，就是要把敬业精神作为一种特殊的意志，并把这种意志贯穿于工作的全过程，贯穿于人生的全过程，对自己的工作岗位不轻视、不怠慢，做小事如大事，视细节如全局，多一分认真和严格，少一分疏漏和失误。这才是人生的大智慧、大境界。因而，把敬业当成了一种习惯，自然就会在工作中体现出自己的价值和素养来。

爱岗敬业也是各行各业高尚的社会美德和道德情操。只有爱岗敬业的人，才会在平凡的工作岗位上做出不平凡的业绩。保持爱岗敬业、甘于奉献的精神，就要理论联系实际，说到做到，干就干好。世界上的事情都是在实践当中干出来的，只有把嘴上说的、纸上写的、会上定的，变为具体的行动和实际的效果，才是真正的爱岗敬业。

爱默生曾经说："缺乏热诚，难以成大事。热诚是一把火，它可燃烧起成功的希望。"每个人在工作中，只有倾注百分之百的干劲与激情，

才能向着更远处迈进。否则，自己的工作得不到大家的认同，也无法拥有精彩而幸福的人生。平凡而伟大的真谛，就在于从爱岗敬业的平凡工作中折射出我们的理想信念，展示出甘于奉献的崇高精神。

老张是位退伍军人，几年前经朋友介绍来到一家工厂做仓库保管员，虽然工作不繁重，无非就是按时关灯、关好门窗、注意防火防盗等，但老张却做得超乎常人的认真，他不仅每天做好来往工作人员的提货日志，将货物有条不紊地码放整齐，还从不间断地对仓库的各个角落进行打扫清理。三年下来，仓库没有发生过一起失火、失盗案件。同事们每次提货都能在最短的时间里完成。

在建厂20周年纪念会上，厂长按老员工的级别亲自为老张颁发了优秀员工奖。对此，许多老职工不理解地说："老张进厂才三年，凭什么拿老员工的奖项？"厂长看出大家的不满，说道："你们知道我这三年中检查过几次咱们厂的仓库吗？一次没有！这不是说我工作没做到，其实我一直很了解咱们厂的仓库保管情况。作为一名普通的仓库保管员，老张能够做到三年如一日不出差错，而且积极配合其他部门人员的工作，对自己的岗位忠于职守，比起一些老职工来说，老张真正做到了爱厂如家，我觉得这个奖励他当之无愧！"

在这个世界上，凡事就怕"认真"二字。在工作中，要始终保持一份对工作的热爱之情，始终保持精益求精的工作作风，始终对工作有责任心和敬业精神。认真工作并喜欢自己的工作岗位，就能感受到其中的意义，就会以饱满的精神投入到工作当中，自然也会获取别人获取不到的东西。

忠于职守，爱岗敬业

一份职业，一个工作岗位，是我们赖以生存和发展的基础。同时，一个工作岗位的存在，往往也是人类社会存在和发展的需要。爱岗敬业应是一种普遍的奉献精神。在我们国家，如果每一名领导干部、公司员工都能够表现出这种奉献精神，人民就会更加富裕，国家就会更加强盛。

我们应该经常审视自己：是否认真做好了本职工作。

忠于职守，做好本职工作，这是职业道德规范的基本要求。无论你是领导还是普通职员，无论你所从事的是什么样的工作，平凡的也好，令人羡慕的也好，都应该对自己的工作尽职尽责，在敬业的基础上不断地进步和发展。可以说，一个人在自己的职业生涯中，对工作负责不仅是工作本身的要求，其实也是对每一个社会成员做人的要求。抱着认真负责的态度把工作做到最好，不仅是在享受工作的过程，同时也是在享受生活。

每个人在工作当中承载的东西很多。当我们关注自己的工作时，他人与社会也在关注我们的工作。简单地说，你工作敬业与否，直接影响他人与社会的幸福。如果一个安装飞机零件的工人，因为自己的不敬业安装了一个松动的螺丝钉，就很容易导致危及乘客生命安全的飞行事故。如果人们都如此对待工作，那么社会就无法和谐。只有人们都兢兢业业地做好本职工作，全社会才会欣欣向荣，才会充满朝气和活力。因而，要在工作中成就一番事业，就一定要不断地督促和提醒自己做一个勤奋的人，勇于承担责任，积极主动地完成工作，进而赢得别人的尊重。

每个人要忠于职守、爱岗敬业,就必须清醒地意识到自己所从事工作的责任所在和光荣所在。如果一个人没有这种意识,就不可能做到爱岗敬业。一个人的理想信念与现实社会的客观需要必须相符,要有为自己所从事的事业不懈奋斗的思想境界,有较高的内在素质和真本领,有无私奉献的精神,有肯做成事的思想认识和行动实践。

第一,要具有敬业意识。每个人对所从事的工作要有食不甘味、寝食难安的危机感,应该以唯恐力有所不及、想有所不全、虑有所不周的态度履行好自己的职责。权力越大,责任越重。

第二,要具有热爱工作之情。热爱工作之情就是要求每个人对所从事的工作要无比地珍惜和热爱,用远大的政治抱负,崇高的人生境界,良好的精神状态,做好每一份工作。

第三,要不断加强道德修养,做到德才兼备,以德为先。德是敬业的基础,是事业成功的根本,是做人的底线。一个品德低劣、一切以自我为中心、搬弄是非的人,其爱岗敬业就无从谈起。

第四,要坚持不懈、始终如一。这就要求每个人把自己所从事的事业作为毕生的追求,树立终生奋斗的思想理念,用时间和实践来检验对事业的忠诚。常言说,事业需要时间,时间成就事业。敬业不是挂在嘴边的一句话,靠的是实打实、硬碰硬的工作。要有甘于奉献、敢于牺牲的精神,要把敬业奉献作为实现人生价值的最终归宿。

要有勤奋的工作精神

勤奋,是中华民族的优良传统,是个人道德修养的重要品质。何谓勤奋?勤奋就是要劳心劳力、锲而不舍。勤奋就是要有所作为、奋进不止。勤奋就是要求人们不懈地努力,奋发图强。对待工作,勤奋是永不过时的工作精神。

在职场当中,忠诚敬业被视为最重要的职业操守,但忠诚敬业需要勤奋努力作支撑。可以说,勤奋是每个人对待工作最完美的态度。换句话说,忠诚敬业是一个优秀工作者的职业操守,勤奋努力则是其对待工作最完美的职业态度,只有勤勤恳恳、兢兢业业,扎扎实实地勤奋工作,才能充分发挥自己的聪明才智,挖掘自己巨大的潜力,才能在最短的时间内创造出更大的价值。相反,缺乏事业至上、勤奋努力的精神就只有观望他人在事业上不断取得成就,而自己却在懒惰中消耗生命,甚至因为工作效率低下而失去谋生之本。

有时候,懒惰的人总是找出自己天赋不够的借口,甚至认为天才不需要勤奋与苦干。比如,在现实生活中,我们常常会惊异于大师的创造性的才能,爱用"才"和"灵感"这样的术语去解释他人的智力,认为只有天才才能干出惊天动地的大事业。实际上,勤奋高于天赋。纵观那些天才的成功人士,无一人不是比常人付出更大的努力。所以,天才只是成功的一部分,对于大多数人来说勤奋才是成功的决定因素。试想,如果有天赋的人只靠想象,期待奇迹会出现,而不是付出劳动去争取,最终还是会两手空空、一无所获。一个智商平常的人只要他认真锻炼自己的能力，掌握必要的技巧，付出艰辛的劳动，同样可以取得成功。

因此，勤奋工作既是一种能力和克己的训练，也是创造辉煌成就的前提。只有在工作当中勤奋努力、发愤图强，才会激发内在的激情热爱自己的工作。只有那些勤奋努力、做事敏捷、反应迅速的人，只有那些充满热忱、富有思想的人，才能把自己的事业带入成功的轨道。不管什么时代，勤奋的人永远备受尊重。所以说，勤奋努力的精神永不过时，勤奋依然是每一个成功者的不二法门。

常言道："一分耕耘，一分收获。"只有有了辛勤的劳动，才会有丰硕的成果，不劳而获的事情从来都是不存在的。勤奋是实现理想的奠基石，是补拙益智的催化剂，是通向成功彼岸的桥梁，是自学课堂的老师，是人生航道上的灯塔。勤奋应该属于珍惜时间、爱惜光阴的人，属于脚踏实地、一丝不苟的人，属于坚持不懈、持之以恒的人，属于勇于探索、勤于创新的人。

勤奋不仅是一种对待工作的态度，而且也是一种对自己负责任的表现。要想在人才辈出的时代里走出一条完美的职业轨迹，唯有依靠勤奋工作的精神去激励自己不断地进取，才能够实现人生的梦想。我们必须清楚，是否勤奋努力与时代、与行业、与岗位都没有太大的关系，勤奋努力的工作精神更不会过时，越在当今激烈竞争的时代，越是人才辈出、精英聚集的单位，越需要这种勤奋努力、拼搏进取的精神。